天道圣经注释

歌罗西书注释

鲍会园 著

SJPC

上海三联书店

出版说明

基督教圣经是世上销量最高、译文最广的一部书。自圣经成书后，国外古今学者注经释经的著述可谓汗牛充栋，但圣经的完整汉译问世迄今尚不到两个世纪。用汉语撰著的圣经知识普及读物（内容包括圣经人物、历史地理、宗教哲学、文学艺术、伦理教育等不同范畴）和个别经卷的研究注释著作陆续有见，唯全本圣经各卷注释系列阙如。因此，香港天道书楼出版的“天道圣经注释”系列丛书尤为引人关注。这是目前第一套集合全球华人圣经学者撰著、出版的全本圣经注释，也是当今汉语世界最深入、最详尽的圣经注释。

基督教是尊奉圣典的宗教，圣经也因此成为信仰内容的源泉。但由于圣经成书年代久远，文本障碍的消除和经义的完整阐发也就十分重要。“天道圣经注释”系列注重原文释经，作者在所著作的范围内都是学有专长，他们结合了当今最新圣经研究学术成就，用中文写下自己的研究成果。同时，尤为难得的是，大部分作者都具有服务信仰社群的经验，更贴近汉语读者的生活。

本注释丛书力求表达出圣经作者所要传达的信息，使读者参阅后不但对经文有全面和深入的理解，更能把握到几千年前的圣经书卷的现代意义。丛书出版后受到全球汉语圣经研习者、神学教育界以及华人教会广泛欢迎，并几经再版，有些书卷还作了修订。

现今征得天道圣经注释有限公司授权，本丛书由上海三联书店出版发行国内中文简体字版，我们在此谨致谢意。神学建构的与时俱进离不开对圣经的细微解读和阐发，相信“天道圣经注释”系列丛书的陆续出版，不仅会为国内圣经研习提供重要的、详细的参考资料，同时也会促进中国教会神学、汉语神学和学术神学的发展，引入此套注释系列可谓正当其时。

2008 年
上海三联书店

天道圣经注释

本注释丛书特点：

- 解经（exegesis）与释经（exposition）并重。一方面详细研究原文字词、时代背景及有关资料，另一方面也对经文各节作仔细分析。
- 全由华人学者撰写，不论用词或思想方法都较翻译作品易于了解。
- 不同学者有不同的学养和专长，其著述可给读者多方面的启发和参考。
- 重要的圣经原文尽量列出或加上英文音译，然后在内文或注脚详细讲解，使不懂原文者亦可深入研究圣经。

天道书楼出版部谨启

目录

序言

“天道圣经注释”的出版是很多人多年来的梦想的实现。天道书楼自创立以来就一直思想要出版一套这样的圣经注释，后来史丹理基金公司也有了一样的期盼，决定全力支持本套圣经注释的出版，于是华人基督教史中一项独特的出版计划就正式开始了。

这套圣经注释的一个特色是作者来自极广的背景，作者在所著作的范围之内都是学有专长，他们工作的地点分散在全世界各处。工作的性质虽然不完全一样，但基本上都是从事于圣经研究和在学术方面有所贡献的人。

另外，一个值得注意的地方，是这套书中的每一本都是接受邀请用中文特别为本套圣经注释撰写，没有翻译的作品。因为作者虽然来自不同的学术圈子，却都是笃信圣经并出于中文的背景，所以他们更能明白华人的思想，所写的材料也更能满足华人的需要。

本套圣经注释在陆续出版中，我们为每一位作者的忠心负责任的工作态度感恩。我们盼望在不久的将来，全部出版工作可以完成，也愿这套书能帮助有心研究圣经的读者，更加明白及喜爱研究圣经。

荣誉顾问　鲍会园

主编序言

华人读者对圣经的态度有点“心怀二意”，一方面秉承华人自身的优良传统，视自己为“这书的人”(people of the Book)，笃信圣经是神的话；另一方面又很少读圣经，甚至从不读圣经。“二意”的现象不仅和不重视教导圣经有关，也和不明白圣经有关。感到圣经不易明白的原因很多，教导者讲授肤浅及不清楚是其中一个，而教导者未能精辟地讲授圣经，更和多年来缺乏由华人用中文撰写的释经书有关。“天道圣经注释”(简称为“天注”)在这方面作出划时代的贡献。

“天注”是坊间现有最深入和详尽的中文释经书，为读者提供准确的数据，又保持了华人研读圣经兼顾学术的优美优良传统，帮助读者把古代的信息带入现代处境，可以明白圣经的教导。“天注”的作者都是华人学者，来自不同的学术背景，散居在香港、台湾地区以及东南亚、美洲和欧洲各地，有不同的视野，却同样重视圣经权威，且所写的是针对华人读者的处境。

感谢容保罗先生于 1978 年向许书楚先生倡议出版“天注”，1980 年 11 月第一本“天注”(鲍会园博士写的歌罗西书注释)面世，二十八年后已出版了七十多本。史丹理基金公司和“天注”委员会的工作人员从许书楚先生手中“接棒”，继续不断地推动和“天注”有关的事工。如果顺利，约一百本的“天注”可在 2012 年完成，呈献给全球华人读者研读使用。

笔者也于 2008 年 10 月从鲍会园博士手中“接棒”，任“天注”的主编，这是笔者不配肩负的责任，因多年来为了其他的工作需要而钻研不同的学科，未能专注及深入地从事圣经研究，但鲍博士是笔者的“恩师”，笔者的处女作就是在他鼓励下完成，并得他写序推介。笔者愿意接棒，联络作者及构思“天注”前面的发展，实际的编辑工作由两位学有所成的圣经学者鲍维均博士和曾祥新博士肩负。

愿广大读者记念“天注”，使它可以如期完成，这是所有“天注”作者共同的盼望。

邝炳钊

2008 年 12 月

旧约编辑序

“天道圣经注释”的出现代表了华人学者在圣经研究上的新里程。回想百年前圣经和合本的出现，积极影响了五四运动之白话文运动。深盼华人学者在圣经的研究上更有华人文化的视角和视野，使福音的传播更深入社会和文化。圣经的信息是超时代的，但它的诠释却需要与时俱进，好让上帝的话语对当代人发挥作用。“天道圣经注释”为服务当代人而努力，小弟多蒙错爱参与其事，自当竭尽绵力。愿圣经的话沛然恩临华人读者，造福世界。

曾祥新

新约编辑序

这二十多年来，相继出版的“天道圣经注释”在华人基督教界成为最重要的圣经研习资源。此出版计划秉持着几个重要的信念：圣经话语在转变的世代中的重要，严谨原文释经的重要，和华人学者合作与创作的价值。在这事工踏进另一阶段的时候，本人怀着兴奋的心情，期待这套注释书能够成为新一代华人读者的帮助和祝福。

鲍维均

作者序

二十世纪六、七十年代，曾有几本重要的歌罗西书注释出版；有的是用英文写的，有的是用德文写的，后来也译成了英文。这些书表达了近代学者对歌罗西书研究的方向和成果。本书作者并不完全接纳这些学者的意见；但读了这些著作，激发了本书作者许多方面的思想。本书就反映出一些这样的结果及思想。

在本书成书之前，因着不同的原因，本书作者特别对歌罗西书有兴趣，并曾尽力阅读一些有关的著作和有名的注释，日久自会在有意无意间吸收了别的作者的意见。因此，本书是建立在许多先圣先贤的根基上，欠了许多学者的债。作者的目的是要帮助一些读者更明白这一部分的圣经，并看出歌罗西书的教训对今日读者的意义。

在 1979 年，作者蒙播道神学院董事会给予一年进修研究假期，得以放下神学院的行政及教学工作，专心研读，完成了本书的初稿。在这期间，学院的老师分外劳苦，分担了作者的工作。又得天道书楼工作人员多方面的鼓励和帮助，特别在誊写稿件，及版面编排的技术上，给予非常的帮助。又有本学院何郑爱晖女士在词句的润饰及核对引用的经文及其他著作上给予很大的帮助，谨此一并致谢。

本书中歌罗西书信的经文是根据中文圣经新译委员会出版的新约新译本略加修改而成的。其他的经文，旧约是根据和合本，新约主要是根据新译本。谨愿此书的出版，能帮助一些缺少工具书，又对研经特别有兴趣的读者。

鲍会园

1980 年 9 月于香港

绪论

绪论

壹 歌罗西城的地理环境

歌罗西城位于小亚细亚西南部的利加斯河岸，即今日土耳其的西南部，与希拉波立及老底嘉两城为近邻。利加斯河为密安德河(Meander River)的支流，自东向西流，经过歌罗西以后转向西北，流入密安德河，蜿蜒向西，流向以弗所的方向。在距以弗所约三十公里处，转向西南，在米利都城处流入大海。在歌罗西、希拉波立、老底嘉这三城中，歌罗西在最东边，利加斯河从城中间流过，将城分为两半。老底嘉在歌罗西的西部偏北，距离约有十七、八公里，位于利加斯河的南岸。希拉波立位于河的北岸，在老底嘉的正北，约有八公里。因三城距离不远，所以彼此间的来往自然很多。

利加斯河流域的地质很特别，一方面这一带地方常有地震及火山爆发，所以城市、建筑物常被破坏，且水中矿物质丰富，河水流过的地方常会有一层结晶体留在地面，影响农作物。但另一方面没有河水淹盖过的地方，土壤非常肥沃，水草丰富，适合牧畜，出产质地极好的羊毛。而且河水中的矿物质可制成一种极佳的染料，因此这一带地方的人多以织造羊毛产品为业。同时因为火山及地震的缘故，这一带地方多温泉，有治病的功效，所以常有许多人从各地到这里来旅行、治病；希拉波立一名的意思是“圣城”，很可能就是因此而得名。

歌罗西、老底嘉和希拉波立都位于弗吕家区，本属别迦摩王国，在主前 133 年被罗马占领了。弗吕家和西边的加利亚区(Caria)及西北边的吕底亚区(Lydia)合起来，罗马定为亚细亚省；后来吕底亚北边的每西亚也被圈在亚细亚省之内。这几区都属于一个省份,几区之间界限的划分也不十分清楚,因此老底嘉有时算作加利亚区内,有时算作吕底亚区内。希拉波立常常被算作吕底亚区内,歌罗西则一直是属于弗吕家区。因此启示录第二、三两章的七封书信称老底嘉为属于亚细亚。再迟一点,到第四世纪罗马重新改组各省的划分时,老底嘉被定为亚细亚的首都。

贰 歌罗西的历史

歌罗西城的建立已经无史可考了;该城较早的历史,如今只有一些很零散的资料。根据希罗多德的记载,波斯王薛西斯,即圣经中的亚哈随鲁王,在打败埃及以后,去攻打希腊时,只来到歌罗西,那时约在主前480年左右。希罗多德称歌罗西为"一座弗吕家的大城"。① 同样,一个希腊将军,也是历史家的色诺芬,他在主前40年左右带领希腊军去援助古列叛变时来到歌罗西,称之为"一个人口多而富有的大城"。② 但以后因地理、交通、政治等关系,两个邻近的城愈来愈兴旺。希拉波立成了这一带地方游乐和医病的中心;老底嘉成了经济和政治的中心;歌罗西则变得愈来愈衰弱。到了将近新约的时代,它只是一个"小镇"。③以后在初期教会历史中,老底嘉和希拉波立都占有相当重要的地位,而歌罗西的名字却很少被提及,只是偶尔在一些大会的记录中见到歌罗西主教的签名。④

七、八世纪,因东边阿拉伯一带的游牧民族入侵,许多人离弃了歌罗西城,向别处逃去。很可能又曾再有地震,以致该城完全变成了废墟。后来在歌罗西废墟以南数公里靠近山脚的康诺或康奈城(khonal),⑤有

---

① Herodotus, *History*, VII 30.

② Xenophon, *Anabasis*, I ii 6.

③ Strabo, *Geography*, xii 8. 3.

④ 参 J. B. Lightfoot, *St. Paul's Epistles to the Colossians & to Philemon*, Grand Rapids: Zondervan, rep., p. 72, Note 1.

⑤ W. M. Ramsay, *The Church in the Roman Empire*, London: Hodder & Stoughton, 1893, p. 468.

一个时期似乎曾代替了歌罗西的地位。现今歌罗西城已经完全地失存了。

在保罗书信所寄达的各地区，歌罗西可能是其中最不重要的一座城，[6]但歌罗西书在圣灵的默示之下，却给教会一个极其重要的信息。特别对今日的教会，面临着人的思想及哲学理论的挑战时，歌罗西书是一本极其实际的书信。

叁 歌罗西的居民

在邻近的几个城市中，歌罗西大概是最保守、最标准的弗吕家城市。根据多数学者可靠的推断，从以弗所往东横穿小亚细亚的公路，在歌罗西等三座城的北边，直沿密安德河而行；而在这三座城中，歌罗西离大路最远，因此可能与外人接触的机会最少。歌罗西的居民大多数是弗吕家本地的人，他们有自己的宗教，再加上特别像希拉波立地方的特殊环境，形成这里的人特别迷信。但另一方面，歌罗西又有不少犹太人；根据约瑟夫的记载，在主前 200 年左右，叙利亚的安提阿大王曾从巴比伦及美索不达米亚一带，将两千户的犹太人搬到了弗吕家、吕底亚一带地方；[7]再加上这一带地方盛产羊毛，适合织造业的工作，自然吸引更多犹太人迁来居住。实际上因为犹太人太多，他们每年奉献给耶路撒冷圣殿的"丁税"(太十七 24)影响了当地的经济，在主前 62 年，罗马总督曾禁止犹太人纳税给圣殿。[8] 这么多的犹太人和迷信的外邦人居住在一起，难怪歌罗西教会所遇到的错误教训掺杂着各种外邦宗教及犹太教的色彩。

肆 歌罗西的教会

很多学者认为使徒保罗从来没有到过歌罗西。使徒行传第十六章

---

⑥ J. B. Lightfoot，同前，p. 16.

⑦ *Antiquities*, xii 3. 4.

⑧ J. B. Lightfoot，同前，p. 20.

第六节记载保罗在第二次国外布道时曾“经过弗吕家、加拉太一带地方”，但弗吕家是自南到北很长的一区，弗吕家的西界从南顺序与加利亚、吕底亚及每西亚三区为邻；使徒行传第十六章第七节说，“他们到了每西亚”，所以很显然的，他们经过的是弗吕家的北部。在第三次国外布道旅程，保罗经过了“加拉太和弗吕家地方，坚固众门徒”，就来到了以弗所（徒十八 23，十九 1）。歌罗西书本身也说保罗没有见过歌罗西的弟兄姊妹（一 4，二 1），所以我们可以说，至少在写这本书信以前，他没有到过歌罗西。

使徒行传第十九章记载保罗在以弗所住了很久，在第二十章第三十一节他自己说他在以弗所“三年之久，昼夜不住的流泪”劝诫他们。在第十九章第十节说保罗在以弗所的时候，“叫一切住在亚细亚的，无论是犹太人，是希腊人，都听见主的道”。歌罗西是亚细亚的一部分，自然也听见了主的道；可能不是直接从保罗听来的，而是从保罗的同工，和在以弗所、歌罗西间来往的人听来的。因为两地距离只有一百二、三十公里，以弗所又是大城，两地间来往的人一定很多。在下面第十一至十二节说，“神藉保罗的手，行了些非常的奇事；甚至有人从保罗身上拿手巾，或围裙，放在病人身上，病就退了，恶鬼也出去了。”这样的词句大概是说保罗在以弗所的时候，曾差遣同工们，好像布道队一样，到四周围去传福音；这些被差遣的人虽然只是保罗的代表，但他们的工作，就等于是保罗的工作，因为他们受了保罗的差遣，去传保罗所传的福音。大概也是为此缘故，保罗才这样关心他没有亲眼见过的教会，而且能够如此有权柄向他们讲话。

在保罗差遣出去的同工中，很可能以巴弗就到歌罗西、老底嘉、希拉波立一带地方去传道了。而且当地有人信主以后，以巴弗就成了他们的牧人，继续带领教导他们；因为他是歌罗西人（四 12），歌罗西的教会从他学习真理（一 7～8），他为歌罗西的教会下了很多工夫（四 13），他又是一个忠心的传道人（一 7），不单关心歌罗西的教会，也同样关心老底嘉和希拉波立的教会（四 13）。三个城市距离很近，一个人牧养三个地方的教会不是太困难的事。

伍　歌罗西书的作者

十九世纪以前，很少有人怀疑歌罗西书作者的问题。初期的教父中，有多人曾提及或引用本书的经文，而且明说是保罗所作；[9]直到十九世纪初，才有德国的作家开始怀疑，甚至否认本书为保罗所作。近代作者可以贝尔[10]及汤姆森[11]作代表。这些作者也许没有直接否认保罗是歌罗西书的作者，但他们的笔法所导致的解释，则使人不能不怀疑本书的作者问题。

简单说来，歌罗西书作者问题的困难集中在三方面：(1)文字体裁，(2)神学思想，(3)本书与以弗所书的关系。

(I) 文字体裁

汤姆森举出本书中十多个字是保罗在别的书信中所没有用过的，如"基业"(西一12；弗一14)、"花言巧语"(二4)、"月朔"(二16)等；又有一些保罗在别处常用的字，在本书中却没有出现，如"律法"、"称义"、"信心"等。贝尔还特别提出本书许多句子的构造都很长，语气缓和，连第一章第二十五至二十七节论到同样的题目时，都没有用哥林多前书第二章第六至十六节那样简短有力的句子。上面所举的这些特点都是事实；但是任何一本书的体裁和用字都与作者写作时的心情和书的内容有关。歌罗西书中的确有不少保罗在别处没有用过的字，但这些都直接与该教会所面对的错误教训有关。至于本书第一章第二十五至二十七节与哥林多前书第二章第六至十六节的体裁不同，乃是因为保罗写作时的心情不一样。哥林多教会本身犯了错误，所以保罗写信时用比较激烈的词句；歌罗西教会不是犯了大错，而是面对错误教训的引诱，保

---

[9] John Eadie, *Commentary on the Epistle to the Colossians*, Zondervan, 1957 rep., p. xxiii, 举出多项例证。

[10] F. W. Beare, *Interpreter's Bible*, Vol. 11, "Introduction", *Epistle to the Colossians*, New York: Abingdon Press, 1955.

[11] G. H. P. Thompson, *The Letters of Paul to the Ephesians, to the Colossians and to Philemon*, Cambridge Bible Commentary Series, Cambridge, 1967.

罗知道他们需要安慰和鼓励，所以用比较温和的言词，这是极其自然的。

（II）神学思想

简单说来，歌罗西书的重点有几方面和别的书信不一样：别的书信多注重基督的工作，本书则注重基督的本性；救恩的问题似乎没有提及。本书中关于圣灵的教训很少，他甚至在第三章第十五至十七节论到基督徒新生命的表现时，都没有提及圣灵的工作。另外一点，一些学者认为保罗在本书中用福音的普遍性来证明福音的真实（一 6、23），这些学者认为这是教会较后期的立场。这一点很难解释，因为我们如果不理会保罗写作本书的历史环境，或者是根本先否认本书的历史背景，再用主观的看法来批评，那么无论如何都不能找到完满的答案。本书注重基督的位格和基督在全宇宙中的地位，因为当时的错误教训就犯了贬低基督位格的毛病。实际上以弗所书等好几封别的书信，也很少讲到救恩的教训。至于关乎圣灵的教训，本书提到的确实不多，但不是完全没有（一 8），而且按篇幅的比例来说，本书论到关乎圣灵的教训并不比哥林多后书少。书中讲到福音的普遍性，是用来鼓励歌罗西的信徒，并不是说因为福音传得广才证明福音的真实；而且用这样的经文来证明教会已接纳福音传统的传递形式，似乎太过分了。

另外一个神学思想方面的理由：有些学者认为保罗在歌罗西书中所反驳的是诺斯替派（或称“灵知主义”）的教训，而诺斯替派的教训是在使徒时代以后，主后第二世纪，才普遍地流行，因此歌罗西书一定是后人冒保罗的名写的。虽然强调这一点的人近来已比较少，但仍值得一提。诺斯替派的教训的确是在主后第二世纪才普遍流行，但是一种哲学主义的教训，不是一天就可以兴起来的，实际上诺斯替派里面的一些思想很早就已经存在。如同主张神与物质世界之间有许多不同等级，或不同属灵程度的被造之物，这种观念在耶稣以前的希腊哲学思想中，甚至在犹太哲学家的思想中，已经存在。正如许多学者已经指出，保罗在歌罗西书中所反驳的并不是发展完全的晚期的诺斯替派思想，因此没有理由说因为歌罗西书中有反驳诺斯替派一些教训的话语，就认为本书是在保罗时代以后才写成的。

(Ⅲ) 本书与以弗所书的关系

这两本书相似的地方很多，根据一个作者的意见，[12]歌罗西书的五分之三都出现在以弗所书内。这两本书在用词、思想的表达及体裁各方面都有许多相同的地方，因此如果要承认一本书为保罗所作，便无法否认另一本也是出自保罗的手。但很多不接受保罗为歌罗西书作者的学者，首先不承认保罗是以弗所书的作者，所以也不承认保罗是歌罗西书的作者，在这里我们不必多解释以弗所书作者的问题。如果按着教会一向的立场，接纳保罗为歌罗西书的作者，问题实际上就变得简单多了。保罗差不多同时写这两封书信，在那一段时间，保罗一直在思想同一些问题；而且以弗所和歌罗西距离不太远，虽然歌罗西的异端那时还没有传到以弗所，但同一个思想形态的教训可能很快会影响另一个地方。因此在这两本书里保罗都注重基督论的真理；而在以弗所书内，他只是积极地从正面讲解基督的身份和祂在教会中的地位，这似乎是很自然而且恰当的笔法。

不接受保罗为本书作者的学者多数都一再地说，单凭文字的体裁，或神学思想，或本书与以弗所书的关系，都不足以构成拒绝保罗为作者的理由，[13]言外之意乃是说，在没有考虑这些比较可以捉摸的问题以前，这些学者心里早已有怀疑了，因此这些问题虽然有合理的解释，也觉得难以接纳。如果心里根本没有这样的怀疑，这些疑难有了合理的解释，就不成问题了。因此我们没有理由不承认保罗是本书的作者。

陆　写作的地点和时间

教会中一向都认为“监狱书信”（腓立比书、以弗所书、歌罗西书及腓利门书）是保罗在罗马坐监的时候写的。直到十九世纪末、二十世纪

---

⑫ E. J. Goodspeed, *The Meaning of Ephesians*, Chicago: University of Chicago Press, 1933, p. 8.

⑬ 参 *Interpreter's Bible*, Vol. 11, pp. 144, 145.

初才有人主张这几封书信是在该撒利亚[14]或者以弗所[15]写的，同意这个看法的人最近似乎在增加。我们可以把这几种看法简单地思想一下。

(Ⅰ) 该撒利亚

主张本书写于该撒利亚的理由有几方面。首先这些学者肯定腓立比书是写于该撒利亚，在歌罗西书第四章第十一节保罗说受割礼的人中，只有三个人和他同心，这种情形与腓立比书第一章第十五至十七节所讲的情形吻合，所以歌罗西书也和腓立比书一样是写在该撒利亚。这是一个很特殊的理由，但事实上歌罗西书第四章第十一节所证明的刚好相反。在该撒利亚有"传福音的腓利"（徒二十一 8），保罗和同伴曾在他家住宿；如果歌罗西书是在该撒利亚写的，在书中保罗没有理由不提腓利的名字，[16]所以这个理由不能成立。再一个理由是在腓利门书第二十二节，保罗说，他希望不久可以去探望歌罗西地方。这些学者认为，按保罗旅行的习惯，他一定先去探望他已传过福音的地方，所以他在该撒利亚坐监时，他的心仍挂念着亚细亚一带的教会。该撒利亚离歌罗西不远，保罗可以盼望不久去探望他们。如果保罗在罗马坐监，就不容易去探望歌罗西了。这一点也有困难，因为保罗在该撒利亚坐监时，他已上诉于该撒，他去罗马是作为囚犯被解去，如此他不可能有自由去探望途中的教会。此理论的第三个理由是在歌罗西书及腓利门书中所提到的那些人名，是保罗在耶路撒冷及该撒利亚时的同伴，而不是在罗马与保罗在一起的人；而且欧尼西慕大概是新近逃到了该撒利亚，因为从歌罗西去该撒利亚比去罗马更容易，所以保罗写歌罗西书时一定是在该撒利亚。这个理由只是主观的推测。保罗的同伴如果在该撒利亚和他在一起，没有理由证明他们没有和他一同去罗马；实际上，至少有一个人，亚里达古，是和保罗同去的（徒二十七 2），而且经文中

---

[14] E. Lohmeyer, *Die Briefe an die Philipper, an die Kolosser und an die Philemon*, Göttingen: Vandenhoeck & Ruprecht, 1930.

[15] George S. Duncan, *St. Paul's Ephesian Ministry*, N. Y.: Charles Scribner's Sons, 1930.

[16] 参 Theodor Zahn, *Introduction to the New Testament*, Grand Rapids: Kregel Publications, 1953 rep., Vol. I, p. 443.

的"我们"显明路加也一同去了。至于欧尼西慕,虽然该撒利亚距离较近,但对于一个逃跑的奴隶,要跑得越远越好,而且在越大的城市,越难被人发现,所以他逃到帝国的首都罗马并不意外。此外歌罗西书第四章第十节提到马可与保罗同在,传统上认为马可去了罗马,但却无法确定马可曾在该撒利亚陪伴保罗。从以上种种情形来看,保罗在该撒利亚写歌罗西书的可能性不大。

(II) 以弗所

使徒行传没有提到保罗在以弗所坐监的事,但是在书信中他却暗示他在此坐过监。[17] 主张保罗在以弗所写歌罗西书的理由,和上面主张在该撒利亚的理由有许多相似的地方,除上面所列的理由之外,尚有一两件值得一提。首先,以弗所距离歌罗西只有一百多公里,而罗马则要远十倍,以巴弗遇到困难时,比较容易到以弗所去向保罗请示应如何作,这样很快就可以来回;如果要去罗马,则可能需要几个月的时间。在教会面临考验的时候,以巴弗不可能丢下教会几个月的时间。这个理由似乎有道理,但是从另一方面看,既然教会面临的困难十分严重,以巴弗一定觉得就算多用一些时间去向保罗请教,也是值得的。此理论的另一个理由是保罗要腓利门给他"预备住处"(门 22)。如果保罗距离歌罗西只有几天的路程,这样的请求就很合理;但他若在罗马,就显得很特别了。这里值得注意的是保罗在腓利门书第二十二节用的是"现在命令式",应该译作"要常把我的房间预备好",意思是说我早晚会来探望你们的,却不是说他已有清楚的计划,很快去探望他们。再者歌罗西书是一本组织严谨、神学思想很成熟的书,就算保罗在以弗所坐过监,按他在书信中的语气,他坐监的时间不会很长,因此也不会有安静的时间让他从容地思想神学问题;相反,在罗马时,他住在自己租的房子里,至少有两年多的时间,朋友可以自由来探望他,适合于写一封神学理论性的书信。同时歌罗西书第四章十四节说在写此书信时,路加

---

[17] 参林前十五 32;林后一 8~10;罗十六 3~4.

和保罗在一起，这一点也支持保罗在罗马写此书信的看法。从使徒行传第二十七章，得知路加和保罗一同去了罗马，但是没有经文证明路加曾和保罗在以弗所一起工作过。

(Ⅲ) 罗马

前面两段的评论已经提出几个理由，证明保罗在罗马写这几封信的可能性最大。另外还有一两件事值得思想：圣经的启示是渐渐进展的，后赐下来的启示比先赐下来的启示更加清楚，因此有些教义在较早的启示中只是雏形，在后来的启示中就发挥得比较详尽。保罗个人的神学思想和教训也是如此。歌罗西书的教训，特别是有关基督论的教训，是发展完全、思想成熟的教训；所以在保罗所写的教义性的书信中，必定是较晚写成的。在罗马坐监应该是最适合写这本书的时候。再一方面，保罗谈到他坐监的事时所用的词句，显出他认为他的监禁是一个较长时间的情况，而不是像他在腓立比坐监，今日被捉，明日就释放了（参见使徒行传第十六章）。在腓利门书中说欧尼西慕"在我为福音所受的捆锁中替你伺候我"（门 13）。在歌罗西书中保罗要他们"记念我的捆锁"（四 18）。这样的经文显出保罗的监禁已经有一些日子，而且短期内还没有被释放的迹象，只有罗马的监禁适合这种情况。

简括来说，不论从哪一个角度来看，都没有足够的理由来支持其他的理论，这本书不可能是在该撒利亚写的，也不可能是在以弗所写的，唯一的可能是保罗在罗马写的。

既然歌罗西书是在罗马写的，写作的日期就比较容易确定了。不同的学者对保罗的年代看法稍有不同；保罗在罗马坐监的年代大概是在主后 61 至 63 年，或 62 至 64 年。在歌罗西书第四章第十节保罗说马可不久要去探望歌罗西，而保罗自己也希望在得释以后亲自去探望他们，如此看来，这封信可能是保罗在罗马坐监的末期写的。保罗同时也写了以弗所书，而且欧尼西慕也要回歌罗西他主人家去，所以保罗又写了腓利门书。这三本书大概是写在主后 63 年底或 64 年初。

柒 写作的原因和目的

在保罗被监禁的末期，歌罗西教会的牧人以巴弗到罗马来探望他。当时歌罗西出现了一些传异端教训的人，使以巴弗非常担心。他们的教训有犹太教的色彩，也有外族宗教的色彩，听起来很吸引人。以巴弗知道这种教训是错误的，但可能他自己没办法抵挡或者反驳；出于不得已，他到罗马来找保罗，向他请教。为了教会的需要，保罗写了歌罗西书，指出这些异端教训的错误，也告诉他们正确信仰的立场和改正错误教训的方法。另外一个亚细亚人推基古（徒二十 4）也在罗马，他可能是以弗所人（提后四 12）。推基古正要回亚细亚，保罗就托推基古将歌罗西书带去。以巴弗暂时留在罗马陪保罗（西四 12）。同时保罗在罗马遇到了另外一个歌罗西人欧尼西慕；他本是腓利门的奴隶，从主人家逃跑，来到罗马，遇见了保罗。在保罗的带领之下，欧尼西慕悔改信了主。过去他是个没有用处的人（门 11），现在他成了亲爱忠心的兄弟（西四 9），保罗要使欧尼西慕和他肉身的主人和好，因为他们现在都是基督里的弟兄了。如今推基古要回亚细亚，他带欧尼西慕去见腓利门是最好的机会。为了加强对腓利门的影响，保罗又亲自写了腓利门书，叫推基古和欧尼西慕一起带去。

捌 歌罗西的异端

在圣经以外没有发现关于歌罗西异端的记录，近百年来，虽然学者在这方面用了不少的工夫，但今天所能知道关于此异端的真正立场，仍然只能从保罗所提到的资料中归纳而来。歌罗西书中的几处经文可以直接或间接反映出此异端的一些特征。下面列出来的是这方面主要的资料：

“一切智慧和知识的宝库都蕴藏在基督里面”（二 3）。

“因为神本性的一切丰盛都有形有体地住在基督里面”（二 9）。

“所以不要让人因着饮食、节期、月朔、安息日批评你们”（二 16）。

“不要让人夺去你们的奖赏，他们故作谦卑，敬拜天使”（二 18）。

“为什么拘守那‘不可摸，不可尝，不可触’的规条呢？”（二 21）。

"随着己意敬拜,故作谦卑,和苦待己身"(二 23)。

从这些词句可以看出,歌罗西的异端是一些犹太教和外族宗教教训的混合物。在普通情况之下,犹太教是不会与任何其他宗教混合的。加拉太书是一个很好的例证。犹太师傅不肯接受任何其他人的教训,为此他们才那样地反对保罗所传的福音;所以在歌罗西这样的混合是一个很特殊的现象,原因是歌罗西是一个比较特殊的地方。弗吕家在历史上曾出了不少有特殊哲学立场的人和近乎神秘性的宗教;教会的几个异端,如孟他努派(Montanism)和诺洼天派(Novatianism)都从这里发源。同时一些犹太教的人在这里居住的时间长了,立场也变得松弛了;曾有人同时作犹太教管会堂的人,又作外邦人庙中的祭司。[18] 在这种情况下,犹太教便和当地的宗教混合而产生了一个比较特殊的异端教训。

有些学者,特别是莱特弗特,[19]认为此异端主要是从犹太教中的爱色尼派(Essenes)来的。这异端的教训中的确有许多和爱色尼派的思想相似,例如他们对守律法和规条的看法,刻苦肉身的生活,甚至对婚姻的看法[20]等,都近乎爱色尼派的教训。但另一方面,在当时的一些希腊哲学、犹太哲学及诺斯替派前身的思想中,都有类似的教训,因此多数近代学者都认为此异端是犹太教、东方哲学、诺斯替派及基督教教训的混合物。[21] 保罗称之为"哲学"和"世俗的言论"。[22] 这些名词的真正意义留待注释中解释,但从保罗用的这些名词,可以看出一点这教训的性质。

(I) 歌罗西异端的性质和特色

首先,这一派的人特别注重智慧和知识,这是灵知主义的特点。他

---

⑱ 参见 W. M. Ramsay, *Cities and Bishoprics of Phrygia*, Oxford: The Clarendon Press, 1897, Vol. I, pp. 637 ff.

⑲ J. B. Lightfoot,同前,pp. 71 - 113.

⑳ A. R. C. Leaney 将西二 21 的"不可摸"解释作"不可亲近女人"。参见"Col. 2:21 - 23", *Expository Times*, 64, 1952 - 53, p. 92.

㉑ 参 W. G. Kümmel, *Introduction to the New Testament*, E. T., N. Y.: Abingdon, 1957, p. 240.

㉒ τὰ στοιχεῖα τοῦ κόσμου,西二 8、20.

们说，属灵的人应当追求一种特别深奥的知识，藉着这样的知识可以明白隐藏的奥秘；他们又说，基督教的水礼只是灵程上最基本的一步，受过水礼以后要继续追求更深的知识，才能达到完全的地步。另一方面他们对神有一种绝对超越的看法，马丁称之为“二元论”。[23] 他们认为神和物质有绝对的分别，因此神和物质的世界之间不可能有任何接触。从这个观念就产生了两方面思想上的影响。神若要与物质的世界接触，就必须造出一些与神和物质都可以有接触的被造之物。这些被造之物可能分许多不同的等级；第一级比神低一点，但仍离物质很远；第二级比神再低一点，也和物质更近一点。如此一级一级地下来，直到最低的一级可以直接与人接触。天使就是这样的被造之物，他们比神低，但却比人高，所以人要敬拜天使。有些教训认为基督是这些被造之物当中最低的一个，所以祂可以和人有直接的来往。在被造的人这方面，因为人是属物质的，根本是恶的，所以恶的根源是在人属物质的身体上。人要到达神面前，或者说要得到救恩，就必须脱离他罪恶的身体的势力。有两种方法可以达到此目的。一种方法是刻苦肉身，遵守“不可摸，不可尝，不可触”的规条，也要遵守饮食、节期、月朔、安息日等类的规矩。另一种方法是根本不看重肉体的感觉。这种看法本来的目的不是要放纵情欲去任意放荡，乃是要锻炼自己不受肉体感觉的影响；肉体作什么是灵魂以外的事。这派的人要使灵魂达到超然的地步，对肉体所作的事完全漠视。在歌罗西书中，虽然没有清楚提到这种放荡的人生观，但第三章第五至八节可能是针对这种倾向而写的。

(II) 歌罗西异端的主要错误

初期教会看为最主要的一个教训，就是高举基督和祂所作成的救恩。歌罗西的异端教训承认基督有尊贵的地位，在神和人中间作救赎的工作；但是在他们的思想里面，基督是神和人中间许多不同等级的被造物中的一个。当然，他们中间也许有些人以为基督比别的被造之物

---

[23] Ralph Martin, *Colossians: The Church's Lord, and the Christian's Liberty*, Grand Rapids: Zondervan, 1972, p. 16.

等级高一点，但这只是程度上的分别，基本上祂仍是许多同类的被造物中的一个，这是教会不能接纳的教训。如果基督不是神和人中间唯一的中保，也不是独一的救主，祂所作成的救恩也就不是完全的救恩。就是针对这样错误的教训，保罗在歌罗西书第一章第十五至二十节说出全新约圣经中有关基督论最重要的经文。基督在一切被造的之上，万物都是藉着祂造的，万物也要靠着祂存在，祂是教会的头，教会从祂蒙受恩典，万物也只有藉着祂才能与神和好。另一方面，这样的异端也曲解了救恩的意义。属基督的人已经和基督一同钉死，一同埋葬，一同复活；基督的救赎已经把过去捆绑我们的规条都"涂抹了"(二 12～14)，我们就不应该再主动地把自己放在这些规条之下，过奴隶的生活；这些规条对我们属灵的生命完全没有功效。这种混合的教训教人用追求智慧和知识、刻苦己身、遵守规条等方法去得到救恩，但这些方法永远不能叫人得救。最后，这种异端教训的错误在基督徒圣洁的生活上，也产生相反的效果，他们"故作谦卑"，实际上却是"自高自大"(二 18)；他们口里说自己不够好，要努力对付自己才能盼望得救，但实际上却以自己的知识和刻苦的生活夸口，以为自己比别人强，因为他们有知识，他们肯刻苦生活。总而言之，他们想靠自己努力的功劳得到救恩。他们又以"花言巧语"(二 4)和"骗人的空谈"(二 8)来引诱人，传讲人的智慧，给人空的应许，结果使人走向错误的道路。面对这样的错误教训，保罗毫不留情地指责；同时也清楚有力地指出耶稣基督才是真正的答案。

玖　内容分析

歌罗西教会面临的错误教训是对耶稣基督的误解。这些教训误解了基督的身份和地位，也误解了基督工作的真正性质，所以歌罗西书的主要重点是解释基督乃神和人之间唯一的中保，只有靠祂，人才能得救，教会才能成立；也只有靠着基督，天地万物才能与神和好。然后保罗指出歌罗西异端的错误，最后更告诉我们，既然如此，已经得着救恩的人应当如何生活。全书的教训都以基督为中心；在三本通常称为基督论的书信中，歌罗西书中的基督论最为重要。

壹 引言	一 1～14
（Ⅰ）问安的话	一 1～2
（Ⅱ）感恩的话	一 3～8
（Ⅲ）保罗的祷告	一 9～14
贰 无比的基督——基督的地位和工作	一 15～23
（Ⅰ）基督是创造的主	一 15～17
（Ⅱ）基督是教会的头	一 18
（Ⅲ）基督使万有与神和好	一 19～20
（Ⅳ）基督使信徒与神和好	一 21～23
叁 基督的仆人——保罗和他的工作	一 24～二 7
（Ⅰ）保罗的职分	一 24～25
（Ⅱ）保罗的信息	一 26～29
（Ⅲ）保罗对教会的关心	二 1～5
（Ⅳ）保罗给信徒的勉励	二 6～7
肆 错误的教训和真理的比较	二 8～23
（Ⅰ）哲学与真理	二 8～9
（Ⅱ）在基督里作新人	二 10～15
（Ⅲ）在基督里的自由	二 16～19
（Ⅳ）歌罗西的错误教训	二 20～23
伍 新人的生活	三 1～四 6
（Ⅰ）生活的目标	三 1～4
（Ⅱ）治死旧人	三 5～11
（Ⅲ）穿上新人	三 12～17
（Ⅳ）家庭的责任	三 18～四 1
（Ⅴ）最后的劝勉——儆醒祷告	四 2～6
陆 结语	四 7～18

注释

壹　引言
(一 1～14)

(I) 问安的话(一 1～2)

“奉神旨意作基督耶稣使徒的保罗，和提摩太弟兄，写信给在歌罗西的圣徒，和在基督里忠心的弟兄。愿恩惠、平安从我们的父神临到你们。”

按标准希腊文书信的格式，一封书信的引言通常包括三方面：写信的人，收信的人，和一句问安的话，通常是“你好吗?”，[①]保罗的书信也都是依照同样的格式，只是在这三部分中都加上了基督教的成分。

一 1　“奉神旨意”　这句话包括两方面的意思：保罗接受使徒的职位时，便将自己的意志、思想完全放下了，从此以后，一切都要按着神的旨意行；神的旨意是最高的、唯一的标准。另一方面，保罗虽然是使徒，但他所传的信息仍然不是他自己的信息，乃是神所交托他的。在哥林多后书第五章第二十节，保罗称他的职责为基督的“使者”，那里“使者”一字是指一个国家的“大使”。大使不能按自己的思想和喜好来说话，他代表他的国家，只能按着国家的意思讲话。保罗所传的信息也不是他自己的，而是神交付他的。

“作基督耶稣使徒的保罗”　“使徒保罗”一语在原文中是在句首。保罗的一些书信没有提自己是使徒。归纳他的用法，大概在两种情况之下，他特别要用这句话：一种情形是收信的教会怀疑或者拒绝他作使徒的权柄，例如加拉太书和哥林多前书。另外一种情形是他写信给没

---

① χαίρειν. 参 Edward Lohse, *Colossians and Philemon*, E. T. tr. by W. R. Poehlmann & R. J. Karris, New Meyer Commentary Series, Philadelphia: Fortress Press, 1971. 12. esp. note 3.

有见过面的教会，例如罗马书、歌罗西书和以弗所书。以弗所书可能是写给几处教会的，而这些教会中，有的是保罗没有见过面的。

“使徒”一词最初只是用在耶稣所拣选的十二使徒身上，意思是指受耶稣差遣去完成一个特别使命的人。后来也包括了其他从耶稣领受特别使命的人，如同保罗等。使徒最基本的使命是传福音，“基督差遣我，不是要我去施洗，而是去传福音”（林前一 17），并建立信徒和教会。“你们不是我在主里面的工作吗？对别人来说，我或许不是使徒，但对你们来说，我总是使徒，因为你们就是我在主里作使徒的印记”（林前九 1～2）。因此使徒的名称不单代表使命，也代表权柄。[②]

“基督耶稣的” “基督”代表主作弥赛亚的职位和祂尊贵的身份，“耶稣”则代表祂的人性和谦卑的功劳；此处两个名称这样用法，重点是在“基督”上面，讲明耶稣作救主的尊荣，特别是在歌罗西书中，保罗这样地称呼主是很自然的。“基督耶稣的”一语，一方面显出保罗和主的关系，他是“主的”使徒，是属于主的，主在他身上有特别的权柄；另一方面也显示出保罗从主得来的权柄。保罗是“主的”使徒，他受了主的差遣，是主耶稣的代表，所以他有主的权柄，这两方面的含意同样重要。保罗在这本书中要用真理教导歌罗西的教会，因此在开始时，先证明他有权柄“在信仰和真理上作外族人的教师”（提前二 7）。

“和提摩太弟兄” 在腓立比书和腓利门书的引言内，保罗都曾用提摩太的名字，但在那两本书中，只在开始用，以后就不再用了；在歌罗西书整个引言中（一 1～14），保罗讲到自己时，都用复数的动词“我们”；从第一章第十五节开始就改成单数，只是保罗自己讲话了。

提摩太是保罗忠心的同工（腓二 19～23）。他是小亚细亚的路司得人，他父亲是希腊人，母亲是犹太人，大概是保罗和巴拿巴在第一次国外布道的旅程中带领他信主（徒十四 6 ff.）；保罗在第二次旅程中，来到路司得，就邀请提摩太一起去传福音（徒十六 1～3），从此提摩太

---

② 参 Norval Geldenhuys，N. B. Stonehouse，*Supreme Authority*，Grand Rapids：Eerdmans，1953，pp. 46 ff.

就一生忠心跟从保罗,成了他最可靠的同工。

保罗这里特别写出提摩太的名字,可能是要读者知道他不是孤单一人在罗马坐监;也可能是要表明提摩太和他同心,同意他信中所写的。但也有可能,像有些人的看法,提摩太此时作了他的书记,替他执笔写了歌罗西书。③

一2 “在歌罗西的圣徒,和在基督里忠心的弟兄” “圣徒”一字原为形容词,其文法构造与“忠心”一字完全相同。此字可作形容词用,译为“圣洁”,也可作名词用,译为“圣徒”。最近有几本流行颇广的书,将此字解作形容词,全句译为“在歌罗西圣洁又忠心的弟兄”。④ 但是正如罗仕指出,在书信的引言中,保罗从来没有将此字当形容词用,而是经常当名词用,⑤在这里也应当作名词解释。两个名词“圣徒”与“忠心的弟兄”前面只有一个冠词,⑥因为两个名词所指的是同一群人。

这封书信写给歌罗西的圣徒,而不写给教会,并不是因为歌罗西没有有组织的教会,或因保罗没有见过他们的面,或是保罗和他们的关系不太自然。在保罗的用法里,这两个名词的意义没有分别,甚至可以互相交换着来用,“写信给在哥林多神的教会,就是……蒙召为圣徒的人”(林前一2)。两个名词的意义一样。

“圣徒”一语是指信徒在基督里的地位和与基督的关系,而不是指实际生活的圣洁。“分别为圣”是圣洁基本的意义;人信了主,因着他和基督的关系,就从世人中分别出来,他们是分别为圣的人。在旧约时代,以色列人是被拣选出来的人,是分别为圣的人;在新约时代,最初耶路撒冷信主的人称为圣徒,“为圣徒”的捐献(林前十六1)是给耶路撒冷信徒的捐献。在保罗书信的问安语中的圣徒很显然是指外族人的信徒,他们在神的计划中占同样的地位;外族人的教会接续着旧约时代的

③ Ralph Martin,同前,p. 23; H. A. W. Meyer, *Handbook to the Philippians and Colossians*, E. T. Edinburgh: T. & T. Clark, 1893, p. 253.

④ F. W. Beare, 同前;C. F. D. Moule, *The Epistles of Paul the Apostle to the Colossians and to Philemon*, Cambridge Greek Testament Series, Cambridge, 1962.

⑤ Edward Lohse,同前,p. 7.

⑥ τοῖς.

以色列人成了神的选民，从世人中被分别出来。

“在基督里” 单按这几个字本身来说，有两种可能的解释，“在基督里忠心的”或“在基督里的弟兄”；但从整句的结构来看，“在基督里”与“忠心的”两语之间被“弟兄”一词隔开了。若按原文的构造直译出来，这句话可译为“忠心的弟兄在基督里的”，按这样的构造，“在基督里的”是形容“弟兄”，而不是形容“忠心”。“在基督里的弟兄”是基督徒，在基督里互为肢体的人。这样的人，一方面互相联络，有亲密的交通；另一方面生活在基督的范围内。

“忠心的”一语按字义可以有两种解释，“忠心的”原文与“相信”源于同一字根，所以此语可解释作“相信”的弟兄，或“忠心”的弟兄。但在下面保罗已经说明这些人是“在基督里的弟兄”，如再加上“相信”，似乎有点重复，因此解释作“忠心的弟兄”比较恰当。[7] 忠心是指坚定不移，在真道上和对基督的信心上站立得稳。保罗在指出错误教训的危险以前，先说明他知道歌罗西人的忠心（二 5），这对歌罗西人一定是很大的鼓励。

“弟兄” 所有属基督的人都在基督里互为弟兄，彼此有生命的联系，所以歌罗西的基督徒虽然与别的教会距离很远，单独面对这些传异端的人，他们却不孤单，因为他们与所有属神的人都是弟兄。

“愿恩惠平安从我们的父神临到你们” 这句话的用法不只是问安，更是一个祷告。恩惠是慈爱的神向罪人施的恩典；人有罪应当受刑罚，但神因祂的慈爱赦免人的罪。恩惠、慈爱和赦免有连带的关系，有赦免就有平安，因此有恩惠自然就有平安。平安一语是从旧约的用法而来的，不单指身体或心灵的感觉，甚至也不是指灵性兴旺，而是心灵和身体完全得救赎的结果，[8]完全享受神恩惠的一种经验。这一切的好处，都是直接从父神来的，也只能从父神赐下来。保罗这里特别提到神与人之间父子的关系，这是平安的根源。

---

⑦ 参C. F. D. Moule, *An Idiom Book of New Testament Greek*, Cambridge: The University Press, 1953, p. 108.

⑧ W. Foerster, “εἰρήνη”, *Theological Dictionary of the New Testament*, E. T. Grand Rapids: Eerdmans, 1964, ii, pp. 414 f.

(II) 感恩的话(一 3~8)

“我们为你们祷告的时候,常常感谢神我们主耶稣基督的父,因为听见你们在基督耶稣里的信心,和对众圣徒的爱心;这都是由于那给你们存在天上的盼望,这盼望是你们从前在福音真理的道上听过的。这福音传到你们那里,也传到全世界;你们听了福音,因着真理确实认识了神的恩典之后,这福音便在你们中间不断地结果和增长,在全世界也是一样。这福音也就是你们从我们亲爱的、一同作仆人的以巴弗学到的。他为我们作了基督忠心的仆役,也把你们在圣灵里的爱心告诉了我们。”

在保罗的书信里面,在问安的话以后,通常都有一些为收信人感恩的话。但保罗这样作却不是只按着习惯循例来作;在每一封书信中,他都诚恳地按着收信人真正的情形献上感谢。哥林多后书和加拉太书就没有这样感恩的话。

一 3 “我们为你们祷告的时候” 在原文中“我们……祷告的时候”是一个现在分词,[9]所以这样的译法比较恰当,也可以将保罗的真正意思更清楚地表明出来。他不是单单向神存着一个感谢的心,或者常有感谢的思想,乃是在祷告的时候,具体地献上感谢。

“常常感谢” 这里的译法也很恰当,“常常”一语是形容本句的主要动词“感谢”的。此动词是复数的“我们……感谢”,保罗和提摩太一同为歌罗西人感谢神,这是同工蒙福的一个秘诀,常常一同祷告,一同感谢神。

“神我们主耶稣基督的父” 神是感谢的对象,“我们主耶稣基督的父”一语是与“神”同位,说明这位神是谁。歌罗西人的信心和爱心非常宝贵,但保罗认清楚这件事的真正意义:歌罗西人的信心和爱心值得称赞,但保罗却将称赞改成了对神的感谢。人在属灵生命上有长进,或是得着特别的恩赐,这都是神的恩典,一切荣耀都是属于神的,不要让人夺去神的荣耀。

---

⑨ 与“感谢”一字的时态相同。

这位神是保罗的神，但却是“我们主耶稣基督的父”。保罗不用“我们主耶稣基督的神”，因“主耶稣基督”和天父是平等的。“主耶稣基督”是神的儿子，属基督的人也是神的儿女；但基督和天父的关系，与我们和天父的关系之间有一个分别，所以耶稣说，“我的父，也是你们的父；我的神，也是你们的神”（约二十 17）。耶稣甘心谦卑自己，称属祂的人为弟兄“也不以为耻”（来二 11），但我们却不可以看轻我们和祂之间的分别。保罗在书信中称耶稣基督是“我们的主”，“主”在书信中特别清楚地显明基督的神性和主权，属祂的人在生活上应尊祂为主。[10]

下面第四至五节讲出保罗为歌罗西人感谢神的原因。在书信中常见信望爱这三样基督徒的美德连在一起来讨论，但这里这三件美德却不是完全平行的。歌罗西人“在基督耶稣里的信心，和对众圣徒的爱心”，是建立在“存在天上的盼望”的根基上。前两样好像是生命结的果子，后者好像是树的根。

一 4 “因为听见你们在基督耶稣里的信心” 保罗从以巴弗听到了他们的信心。在构造上来说，“信心”是名词，所以“基督耶稣”一语，主要的不是作“信心”的对象，而是指他们灵里生活的范围。属基督的人的一切都是从基督来的，祂是他们整个生命的根源；信心是整个生活的一部分，所以也是从基督来的。也就是为了这个原因，在前面第二节保罗为他们的“信心”感谢神。

“和对众圣徒的爱心” 真正的信心是活在基督耶稣里的，永远也不会使人只顾自己，不顾他人。“独善其身”的信心，不是圣经所讲的信心。加拉太书第五章六节说，“唯有那藉着爱表达出来的信，才有用处。”真正在基督里有信心的人，必定会爱神爱主；因着爱神爱主的缘故，也必定会爱与基督同为肢体的众圣徒。这样的爱不是出于同情、关怀或利害，乃是因为和基督的关系，在基督里同为肢体的关系。也因这种关系，我们应对众圣徒“凭着爱心互相服侍”（加五 13）。

一 5 “这都是由于那给你们存在天上的盼望” “由于”一语讲出

---

⑩ C. A. Anderson Scott, *Christianity According to St. Paul*, Cambridge: The University Press, 1927, p. 254. 作者在该书内详细讨论了保罗书信中“主”字的用法。

原因或根据。“那存在天上的盼望”是他们有信心和有爱心的原因或根据。[11] 这里的盼望不是人内在的行动或美德，而是人里面盼望的根基，不是主观的，而是客观的。这盼望是存在天上的，所以必是一个客观事实，是人所盼望的对象。如提多书所说，我们等候着“那有福的盼望”（二 13），“由于”有这样的盼望，基督徒能生出信心和爱心。

基督徒的救恩是现在已经有的福气，但现在拥有的只是一部分的救恩，完全的救恩要等将来基督再来使信徒永远与祂同在时才能得到。“我们得救是在乎盼望，只是所见的盼望不是盼望，谁还盼望他所见的呢？”（罗八 24，和合本）。这里保罗用的“存在”天上是很生动的字。在路加福音有关仆人的比喻里，那恶仆将主人给他的钱用手巾包起来，等主人回来对主人说，“你的一百银币，我一直保存在手巾里”（路十九 20）。这里用的“保存”就是同一个字，表示收存得稳妥、可靠。

归纳上面的思想，我们可以看出基督徒的盼望是一个未来的事实，虽然我们今天不能完全明白，但却是保存在天上、绝对可靠的。

信心、爱心和盼望，基督徒的这三个美德，在书信中多处都提到过；[12]在这里，他的用法有些不同，因为三样不是完全平行的：信心的对象是基督，爱心的对象是众圣徒，而信心和爱心都建立在盼望的根基上。

“这盼望是你们从前在福音真理的道上听过的” 这盼望歌罗西人已经听过。盼望是具体的事实，是神所应许属天的福气，也就是福音的内容。“从前”一语是指他们最初听福音的时候。远在这些异端传来以前，歌罗西人已经听见了真理的福音，这福音给他们带来了真正的盼望。[13] 福音的信息是盼望，他们藉着听的动作而领受了，因而成了他们

---

⑪ Abbott 认为这句话是第四节保罗“感谢神”的原因。虽然他举出几个理由来支持他的解释，但这里的解释仍是最好。参 T. K. Abbott, *The Epistles to the Ephesians and to the Colossians*, I. C. C. Edinburgh: T. &T. Clark, 1953, pp. 195f.

⑫ A. M. Hunter 指出不单保罗多处提到这三件事，如林前十三 13，罗五 1～5，帖前一 3 等；来六 10～12 及彼前一 3～8、21～22 也用过，因此他认为初期教会可能把这三样美德看成基督徒生活的标准。*Paul and His Predecessors*, London: S. C. M. Press, 1961, pp. 33f.

⑬ Meyer 将“从前”解释作“在你们接到这封信的信息以前”（H. A. W. Meyer，同前），Moule 解释作“写本书以前”（C. F. D. Moule, *Colossians*），这些看法都过于狭窄。

生命的经验。"听"在灵性经验上是极重要的一步(参罗十 17)。

"福音真理的道"是比较清楚的译法。"真理的道"一语在以弗所书也用过(弗一 13),但这里的构造更有力。福音和真理两词都是属格,直译可译作"福音的真理的道",重点在"福音的真理"上面,他们领受的道是属于"福音的真理的"。"道"是圣经上常用的字,代表神的启示,福音的道就是神在福音的信息中启示给人的道。福音的信息重要,是因为信息的后面有一位启示的神,祂要把救恩的福音传给人。

这道的主要特性在于它是"福音的真理"。这句话的重点在"真理"一词上面。福音的道所传的是真理,而不是异端的错误教训,所传的信息如果不是真理,就不是福音了。因此信息内容的真理必须纯正。"福音的真理"这句话保罗一共用过三次,加拉太书第二章第五节、十四节和这里。将这节圣经和加拉太书第二章的用法比较,就可以看出保罗的用法是注重福音的纯正和完整。为了使加拉太人单单相信纯正的福音真理,他竭力争辩,对任何人都不肯让步;所传的福音不论有什么错误,他都要抵挡,甚至信徒所行稍有不合"福音真理"的地方,他也要抵挡(参加二 11~14)。歌罗西人起初已经听到了纯正"福音的真理",现在就不可让异端的教训影响他们,只有这样的道理才是他们盼望的根基。

一 6 "这福音传到你们那里" 纯正的福音已经传到了歌罗西;[14]不仅有人来传过,而且传到了。他们听见,也接受了;福音进入他们心里,在他们的生命中发生了作用。"停留"在他们当中的意义很重要。

"也传到全世界" 罗马书第一章第八节用差不多同样的话,"因为你们的信德传遍天下"。保罗所指的"天下"或"全世界",大概只是指罗马帝国;但那时如果福音传遍了罗马帝国,就清楚显明了福音的普世性。[15] 异端和一些特别的教训,可能受文化、环境等等的限制,只在某

---

⑭ 此处原文近乎古典希腊文的用法,表示已经到达,而且停留在他们当中。Παρόντος表示"停留"、"同在",εἰς表示"到达"的意思,而停留的意思在这里很重要。参 T. K. Abbott, 同前,和 C. J. Ellicott, *A Critical and Grammatical Commentary on St. Paul's Epistles to the Philippians, Colossians & to Philemon*, London: Parker, Son and Bourn, 1861, p. 115.

⑮ J. B. Lightfoot, E. Lohse,和G. H. P. Thompson 都在这里特别强调福音的普世性。

些地区兴旺;但真正的福音是普世性的。这对歌罗西的基督徒应当是个极大的鼓励,他们所信的纯正福音,正是全世界教会所相信的。

这节圣经的文法结构很美,却是很难翻译。在本节的末了,我们的译文有“在全世界也是一样”,在原文只用了一次“在全世界”,最末这一句是译文加上去的;但必须这样加上,意义才清楚。原文内有一个双重的比较:“福音传到你们那里,也传到全世界”,“正如在全世界……也在你们中间不断地结果和增长”。虽然两个句子的文法结构不是完全平行,但这双重比较的意思却极其明显。不过,虽然有这样双重的比较,“在全世界”一词却只用了一次,所以在翻译上就比较困难。[16] 译文在全句的末了重复用“在全世界”是补救的方法。

“正如在全世界……也在你们中间结果和增长”　福音有两方面的特性:普世性和个人性;“在全世界”和“在你们中间”结果和增长。这两方面的特性同样重要,不应偏重一方面,而忽略另外一方面。基督徒若偏重福音的普世性,便可能在真理和个人生命的追求上迁就、通融、妥协、不认真;相反,若偏重福音的个人性,便可能在事奉工作和人生观上变得孤独、寂寞、消极,而常有失败感。保罗在这里双方面的提醒是非常重要和实际的。

“你们听了福音,因着真理确实认识了神的恩典之后”　“福音”一词是加上去的,原文是“你们听见了,又因真理确实认识了神的恩典以后”。“听”和“确实认识”是相信福音的两个步骤,而这两个动作的对象或内容是神的恩典,也就是福音。“之后”一词是代表原文的“自从你们听见的那日”,表明福音的功效在歌罗西的教会中继续不断地发生作用。

“确实认识”不是单单知道,而是内心能清楚分辨事情的对错和价值,并且知道什么是当行的标准。同一个字在使徒行传第三章第十节和第四章第十三节都译作“认出”,将“分辨”的意思清楚表明出来。

“这福音便在你们中间不断地结果和增长”　结果增长的思想在旧约也很常见,[17]这里的用法特别使人联想到耶稣说的撒种的比喻

---

⑯ 和合本的翻译法,只用一次“到普天下”,不能将此双重比较的意义表达出来。

⑰ 参结十二 2;何十 1;哈三 17.

(可四1～9,尤见8节)。别处经文用这字,都是用主动语态,这里是中间语态。"结果"是指福音工作的果效。福音的工作要有果效,不是单靠传福音的方法,或传福音的人有恩赐。传福音的方法和福音使者的恩赐等当然都很重要,但最重要的决定因素,乃是福音本身。福音有如种子,本身有能力、有生命,福音传出去以后,神便使它生长结果。这里的两个动词都是现在进行时态。福音增长结果的能力永远不会枯竭;按着传播的范围,福音自然会继续不断地增长结果。

福音所结的果子是双方面的。福音一方面使人知道悔改、相信耶稣基督,另一方面更在已经得救的人心里工作,使他的生命增长,在圣洁上或者像主的表现上有长进。这两方面的工作都是神恩典的果子,且是不可分开的,信徒若在生命的圣洁上长进,他在不信的人身上也自然产生影响,更容易把人带到基督面前。

一7 "这福音也就是你们从我们亲爱的、一同作仆人的以巴弗学到的" 以巴弗是歌罗西人,也是他们教会的牧人,[18]写这封书信时,以巴弗是和保罗在一起。也许他是在罗马和保罗一同被监禁,但也可能他是专程来罗马找保罗。保罗住在自己租的房子里,因此以巴弗可以自由地陪伴保罗,经常和保罗在一起,如同和保罗一起坐监一样,所以保罗称他是"为基督耶稣的缘故和我一同坐监的以巴弗"(门23)。他是"亲爱的、一同作仆人的",和保罗一同作基督耶稣的仆人,因此他所传的福音一定纯正。这样,保罗就等于对歌罗西人保证以巴弗的立场,让他们可以放心相信他所传的真理。

"他为我们作了基督忠心的仆役" 保罗说以巴弗"为我们"作了基督的仆人。[19] 保罗在以弗所的时候,福音传遍了亚细亚;歌罗西那时也听到了福音,但不是保罗自己去传的,而是保罗所派出去的代表,好像布道队一样,到四围的地方去传福音,以巴弗可能就是到歌罗西的布道队的一员。保罗说,那时我不能亲自到你们那里去传福

---

⑱ 参见本书绪论,p. 6.

⑲ 虽然有不少版本把"为我们"都写作"为你们",但写作"为我们"的版本的价值和分量更为重要,所以应该是"为我们"。如果保罗对歌罗西人说,"以巴弗为你们作了基督的仆役",这话容易解释,换作"为我们"就比较难解释,所以很可能保罗写的是"为我们",后来抄圣经的人将"我们"改作"你们"。

音,以巴弗就作了我们的代表,“为我们”作了基督忠心的仆役。以巴弗是保罗的代表,因此他有使徒保罗的权柄,他所传的福音自然也是纯正可靠的福音。因为歌罗西教会是保罗的代表所建立的,保罗自然也有权柄教导他们,改正他们的错误。这样的话语有双重的功效,一方面向歌罗西人保证以巴弗所传的福音可靠,同时也显明他自己的权威。

“仆役”是服事人的人,在圣经上有时用来形容教会组织里的一种职位,译作“执事”(如腓一 1)。虽然以巴弗受保罗差遣出去工作,但他真正的身份是基督的仆人,他所服事的对象是基督。

一 8 “也把你们在圣灵里的爱心告诉了我们” 正如新译本的标点所表达的,第八节是和第七节末了的一句话互相对照的:以巴弗代表我们将福音传给了你们,同样也将你们的爱心告诉了我们。“在圣灵里的爱心”,歌罗西的基督徒有爱心,并不是因情感或人的关系而有的,乃是因为他们是基督徒,生活在圣灵的圈子里,所以有爱心。爱心是圣灵所结的果子(加五 22);没有灵性生命的人,怎能有真正的爱心。有人解释说歌罗西人的爱是对以巴弗的爱。[20] 也有人解释作一般的爱或称“爱弟兄的爱”。[21] 但歌罗西人的爱心若和保罗没有关系,保罗好像不必在这里提及,因此这爱一定包括他们爱保罗的心。保罗特别提出他们对自己的爱心,藉此增进他们与保罗的关系,叫他们更容易接受他下面所要讲的话。

“告诉了我们” 由此可以略略看出以巴弗对歌罗西教会的态度和他与教会的关系。歌罗西教会的确面临困难,受异端教训的搅扰,以致以巴弗不惜长途跋涉到罗马来找保罗,但是他对歌罗西的教会毫无怨言。他见了保罗,只提歌罗西弟兄姊妹的好处,告诉保罗教会对他的爱心。以巴弗对真理和异端分辨得很清楚,但是他对弟兄姊妹的爱心也没有看错,由此更显出他对教会的爱心。这都是基督“忠心”仆人的记号。

---

⑳ H. A. W. Meyer,同前。

㉑ Ellicott,同前。

(III) 保罗的祷告(一 9～14)

“因此,我们从听见的那天起,就不停地为你们祷告祈求,愿你们藉着一切属灵的智慧和悟性,可以充分明白神的旨意,使你们行事为人对得起主,凡事蒙祂喜悦;因着完全认识神,便在一切善事上更加多结果子;依照祂荣耀的大能得着一切能力,带着喜乐的心,凡事忍耐宽容;并且感谢父,祂使你们有资格分享圣徒在光明中的基业。祂救我们脱离了黑暗的权势,把我们迁入祂爱子的国里。我们在爱子里蒙了救赎,罪得赦免。”

在前面第三节中保罗说,“我们为你们祷告的时候,常常感谢神。”然后第四至八节,保罗说出为他们感谢神的原因,他祷告的思想好像被打断了;现在才再接续讲他祷告的内容和方式。在第四至八节与第九至十一节这两段经文中,有许多互相连接的词句和构造;两段既是同一篇祷告,这是自然的事。在这篇祷告中,保罗首先为歌罗西的基督徒祈求(9～11 节),求神使他们在智慧和悟性上增长(9 节),然后求神使他们在生活上“行事为人对得起主”(10 节),最后求神加给他们能力,可以站稳他们的立场(11 节)。在后一段,保罗因他们已蒙的福气勉励他们感谢神(12～14 节),因为这一切都是从基督为他们已经作成的救恩而来的好处。

一 9 “因此,我们从听见的那天起,就不停地为你们祷告祈求”“因此”是特别加重语气的讲法,[22]“就是为了这个原因”。因为前面第四至八节所讲的原因,保罗不停地为他们祷告。

“藉着一切属灵的智慧和悟性” 智慧是明白基本原则的能力,知道什么是好是坏,并且懂得应用这样的知识;“属灵的智慧”是知道基本的属灵原则,并把这些原则应用在生活上。悟性是评判对错、分辨是非的能力。悟性可能是学来的,在别人的带领和教导之下,或者在圣灵的

---

[22] διὰ τοῦτο καὶ ἡμεῖς 的构造比较特别,最好是按C. F. D. Moule, *Colossians*, p. 52 的解释,分作διὰ τοῦτο καὶ 和ἡμεῖς,而不是分作διὰ τοῦτο 和καὶ ἡμεῖς。在帖前二 13,三 5;罗三 7;弗一 15 等处,都有同样的用法,如此就加强了“原因”的用法。

教导之下，领会这种分辨的能力。在这里，他们所要领受的是神的旨意，所以特别需要灵性的教导。这样的智慧和悟性，不是人用自己的才干或方法可以得到的，而是神所赐下的恩典，所以保罗为歌罗西人祷告，求神赐给他们这样的恩赐。

“可以充分明白神的旨意” 智慧和悟性是工具或方法，真正的目的是要明白神的旨意。这句话直译的意思是“好叫你们充满对神旨意的完全的知识”。“充满”一语的意思是“完完全全”的，其意义包括在“充分明白”里面。保罗为歌罗西人祷告是盼望他们愈来愈完全明白神的旨意，其中包含的意思是他们现在明白得不够完全。我们对神的旨意不能完全明白的地方，需要继续不断地改善、加多，直到我们能“充分明白”。

“*充分明白*”原意为“完全的知识”，[23]此完全的知识并不单指头脑的了解，也不仅是思想上的同意，乃是包括内心的接受和乐意的遵行。一个完全的知识，乃是对神有过亲身的经验，并接受神所说的话，照着去行。保罗在罗马书第一章第二十一节说，“因为他们虽然知道神，却不尊祂为神。”这些人对神有头脑上的知识，却没有在生命里经验过神，所以不认识神。在同一章第二十八节说，“他们既然故意不认识神，[24]神就任凭他们……”这样的人对神没有体验的知识，不算认识神。对神完全的认识，是在生命里产生行动的认识。旧约论到对神的知识，不是单指思想或者理论的知识，而是着重神和祂百姓的关系，[25]神将自己启示给百姓，百姓的责任是明白、接受和顺服。保罗这里的用法也是这样，他愿意歌罗西信徒有这样对神完全的知识。

这样完全的知识的对象或内容是“神的旨意”。在前面第六节，他们应当知道的是“神的恩典”，就是福音。保罗这里为他们祈求，使他们不单知道救恩的福音，还要明白神的旨意。下面第十至十二节就阐明神的旨意，对目前歌罗西教会的需要来说，是他们整个生活能得神的喜悦。

㉓ 参前面西一 6 的“确实认识”，p. 29.

㉔ 对神没有完全的知识。

㉕ 参见 R. Bultmann，“γινώσκω”，*TDNT*，I，pp. 696 ff.，esp. p. 700.

一10 “使你们行事为人对得起主，凡事蒙祂喜悦” 这是保罗为他们祈求的第二件事，也是第九节保罗所祈求的目的。得着“属灵的智慧和悟性”不是基督徒的最终目的，这些知识必须在实际生活上表现出来。在保罗的思想中，正如彼克所说的，“神学和伦理是分不开的”，㉖正确的生活要建立在正确的神学思想上，而正确的神学思想也必须在生活中结出美好的果子来。

“对得起主” 不仅是行为适当，合乎基督徒的身份，更要在生活中有“尊耶稣基督为主”的心。“主”字是表明耶稣的主权，祂是荣耀的主，有高过一切的权柄。书信中单单用一个“主”字来形容耶稣基督的时候，是特别要显出祂的身份和主权。

“凡事蒙祂喜悦” 虽然原文没有“蒙祂”两个字（所以译文旁边有加点），但这两个字却加得非常合理，因为上一句话已经把“主”字清楚地表明出来了。㉗“讨……喜悦”一词在新约时代有时用在人身上（如罗十五1～2），但多半是用在神身上。不论哪种用法，都是指行得适合而得到的悦纳。基督徒应当追求，在生活中的一切事上都得神悦纳。

“因着完全认识神，便在一切善事上更加多结果子” “认识神”或“对神的知识”不是增长的方式或范围，而是增长结果的原因；很多解经的人都认为这样解释是最合理及合乎保罗的用法。㉘ 如果将“加多”或“增长”与“认识神”连到一起，解作保罗求神使他们“更加认识神”或“渐渐地多知道神”，那就等于重复第九节的话；这样不单没有必要，而且减弱了保罗话语的力量。

“更加多结果子”和前面第六节的“结果增长”是完全相同的两个字，显然和第六节的用法也一样，两个字应当合在一起来解释，所以译作“更加多结果子”比较恰当。“在一切善事上”的“事”字，原意是“工作”，在保罗书信中，他常称传福音的事工为“工作”，如腓立比书第二章第三十节；帖撒罗尼迦前书第五章第十三节；帖撒罗尼迦后书第一章第

㉖ A. S. Peake, “The Epistle to the Colossians”, *The Expositor's Greek Testament*, Grand Rapids: Eerdmans, 1956, III, p. 499.

㉗ Lohse，同前，pp. 27f. 的问题“讨谁的喜悦?”实在没有必要，他认为这句话只是当时通用的一种口语，保罗习惯性地借过来用，但他没有足够的证据来支持他的解释。

㉘ Ellicott, Lightfoot, Abbott, Lohse, Martin 等都如此解释。

十一节等;他有时也将传福音的果效称作“果子”(如罗一 13)。[29] 保罗的祈求是愿歌罗西人在为基督作的见证,或福音的工作上更多结果子;能使他们多结果子的原因或方法,是因为他们更完全地认识神了。

简单地归纳起来,保罗在第十节的祷告中为歌罗西人祈求两件事:求神使他们生活蒙神喜悦,行事为人“对得起主”,同时也使他们在见证上“多结果子”,带领人认识神。

一 11 “依照祂荣耀的大能得着一切能力” 在文法的构造上,这里的“得着能力”一语是分词,与第十节的“结果”、“增长”和第十二节的“感谢”是平行的,都是解释第十节的“行事为人”,告诉我们应当如何行事为人。在意义上,“得着能力”应与“在一切善事上”连到一起,[30]出于讨神喜悦的心所作的每一件善事都必有从神来的能力。不论工作多大、多难,凡是按着神旨意的工作,就能从神得着能力,这是一个宝贵的应许。在一个敌挡神的社会里作神的工,或者传福音的工作,特别像歌罗西的情形,很容易会叫人灰心,但神的应许是绝对可靠的。“得着能力”是现在分词,保罗求的是神的能力继续不断地赐给他们。神能力的来源是永无间断的,这是我们的倚靠和保障。

神要赐给人的能力,不是按我们的想像或估计,而是按着“祂荣耀的大能”。“荣耀”一语在书信中专指神的荣耀,所以这里所说“荣耀的大能”就可以说是神的能力。这种能力,不是人能明白的,也不是人自己可以有的,乃是单单属神的超然的能力,[31]是神的大能。神的这种大能是我们需要中的力量来源。

“带着喜乐的心” 这句话处在加重语气的地位,在全节的末了,因此有些作者主张将它和下面的字连到一起,“带着喜乐的心,感谢

㉙ 参 R. Martin,同前,p. 32. 但下面他将“结果”和“增长”两词分开来解释,他认为结果子是基督徒传福音的果效,增长是指整个教会的发展。这样的解释似乎分得太过详细,近乎牵强了。

㉚ H. A. W. Meyer, T. K. Abbott 等将“一切的智慧”,“一切善事”,“一切能力”三件看作平行的;但这里的解释比较清楚,且更适合上下文的构造。参见H. M. Carson, *The Epistles of Paul to the Colossians and to Philemon*, London: The Tyndale Press, 1960, p. 37.

㉛ κράτος一字,除了在希伯来书第二章第十四节用作“掌握死权的魔鬼”的“权”字以外,在新约中此字只用作神的能力。

神。”[32]但若是这样，这几个字就不必放在加重语气的地位，因为人“感谢”时自会带着喜乐的心，保罗用不着为此祷告求神给他们这样的心。所以最好还是和“忍耐宽容”连在一起。带着喜乐的心去忍耐宽容，这是世人通常没有的美德，只有在基督里才能得到的。

“凡事忍耐宽容” 在“行事为人对得起主”及“在一切善事上多结果子”的吩咐以后，保罗接着勉励他们要“凡事忍耐宽容”。在歌罗西的环境里为基督作见证，特别需要忍耐宽容的心。忍耐是指在不顺利的环境中，仍然认定正确的方向，有坚忍不移的心。在撒种的比喻里，那撒在好土里的是人听了道，“把道持守住，忍耐着结出果实”（路八 15）。在罗马书第二章第七节，保罗说那些“耐心行善”的人，要得永生为报答。在希伯来书第十二章第一节说，“我们既然有这么多的见证人，像云彩围绕着我们，就应该脱下各样的拖累，和容易缠住我们的罪，以坚忍的心奔跑那摆在我们面前的赛程。”这些经文清楚显明持守和毅力是“忍耐”的主要因素。“宽容”是指遇到不快乐的事时仍能控制自己，不轻易发怒，不报复。因此，宽容常和爱心联到一起，“用爱心彼此宽容”（弗四 2），“爱是恒久忍耐（宽容）”（林前十三 4）。爱是宽容里不可少的成分。若要比较这两个名词的用法，则忍耐是对事，宽容是对人，[33]因此忍耐重在持守，宽容则要有爱心。

一 12 “并且感谢父” 这一段经文的构造比较难解释。按文法的结构来说，第九至二十节是一句话；但按内容的性质来看，第九至十一节是祷告的话，第十二节开始是勉励的话，第十五节开始是解释基督身份的教义。因为内容的改变，有些学者就从第十二节解释作教义部分的开始。[34] 按意义来说，这样的解释没有困难；但按文法的构造，第十二节的“感谢”与第十节的“结果”、“增长”及第十一节的“得能力”都是平行的分词，所以这几节应当是属于同一分段，故此仍然是用第十四节和第十五节之间作分段比较恰当。

---

[32] Ellicott, Abbott, Meyer 都是这样解释。

[33] R.C. Trench, *Synonyms of the New Testement*, Grand Rapids: Eerdmans, 1948 rep. of the 1880 ed., p. 198.

[34] 参 E. Lohse, R. Martin，同前。

“感谢”一字既与前面三个分词平行，那么感谢的主词就是“你们”，是歌罗西人，而不是保罗。意思不是说“我们……不停地为你们祷告……并且感谢父”，而是“使你们……更加多结果子……得着能力……并且感谢父”。[35]

“感谢父” 单用一个“父”字称神在保罗书信中是很少见的，通常他用“神我们的父”，或是“我们主耶稣基督的父神”。因着“主耶稣”，歌罗西的基督徒，以及今日的基督徒，和神的关系完全改变了。过去人在神面前像罪人在审判官面前一样，现在不同了，神是基督徒的父。

“祂使你们有资格分享圣徒在光明中的基业” 这是基督徒与神之间关系改变的原因，神使他们有了资格。有资格并不是说他们自己改变了，配得光明中的基业，乃是如同世人得产业一样。他们有了产权，这产权是神赐给他们的。在旧约时代，神把以色列人带进了迦南，他们就有权承受迦南地为他们的产业。“分享”的意思是“有份”，以色列人进入迦南，每个支派、每个家庭都有自己要得的一份产业，是指定给他们的。基督徒也是如此，不过他们的基业是属天的，是“在光明中的”。

一 13 “祂救我们脱离了黑暗的权势，把我们迁入祂爱子的国里” 前面保罗说，神使我们有资格在光明中承受基业，这里他解释神用什么方法使我们有资格：祂救了我们。圣经中有几个字都译作“救”，保罗这里是指神用大能的手将我们从危险中救出来。[36] 神有胜过一切的能力，祂能搭救我们。祂救我们脱离的是“黑暗的权势”。

“黑暗的权势”是黑暗掌权的情况。圣经上有几个相似的字，译作“乌黑”、“幽暗”等，“黑暗”是这些字的总称。[37] 黑暗的权势是黑暗掌权的地方，不单没有光，更是积极地反对光；不单没有神，更是积极地反对神的地方。神将我们从这样的势力下搭救出来。

---

[35] 参 H. Alford, *Greek Testament*, Boston: Lee & Shepard, Publishers, 1881, 4th ed., C. F. D. Moule, *Colossians*, p. 55.

[36] 参 Wilhelm Kasch, “ῥύομαι”, *TDNT*, Vol. vi, pp. 1001 ff.

[37] R. C. Trench，同前，pp. 372 f.

“把我们迁入祂爱子的国里”　“迁入”一词在新约共用过五次，[38]都是讲到一种具体的迁移，或者改变关系，所以这里基督徒从黑暗的权势被迁入爱子的国里，是指他们灵里的生活环境有具体的改变。

“爱子”一词在别处经文没有用过，其他经文译作“爱子”的句子，大多数是将“爱”的形容词和“子”字连在一起用，这里是用爱的名词。此语最主要的重点是显明基督是神的爱的中心和对象；另一方面，莱特弗特解释说，神的本性是爱，基督是神的爱子，就显明祂在地上的使命是要将神的大爱彰显出来，[39]这样解释也很合理。亚伯特拒绝此解释，他认为此语的意思只是表明神对基督的爱。[40] 实际上，这两种意义都可以包括在这名词里面，而不是互相冲突。“爱子的国”也是新约很少用的名词，“神的国”和“天国”就比较多见。按保罗此处的用法，至少有两方面的教训值得注意：一、基督的国度是一个已经成就的事实。圣经中讲到天国或神的国时，常常是指着将来神要掌王权治理一切；但在哥林多前书第十五章第二十三至二十八节讲到基督复活得了荣耀，“必要作王，直到神把所有的仇敌都放在祂的脚下”（25 节），到那时神自己才作王（28 节）。由此可见基督作王的国度现在还没有完全地彰显出来；启示录里面讲到基督的王权将来要彰显的荣耀。基督的王权和国度是在天上的，今天是在人的生命里面，要等到将来才能完全显明，但其基本性质已然成就，而且不会改变。二、保罗用的“迁入”一词是过去时态。基督将属祂的人迁入祂的国度，这是一个已经成就的事实；相信的人已经得拯救，脱离了“黑暗的权势”，与众圣徒在光明中得了基业；他们已经进入神爱子的国里。虽然最终的福分，完全的救赎，仍要等到将来，但在原则上，他们已脱离了“黑暗的权势”，进入了“爱子的国”。既是爱子的国，爱子就是其中的王，祂是我们的王，应该在我们身上有绝对的王权。

一 14　“我们在爱子里蒙了救赎，罪得赦免”　“在爱子里”是表示信徒和基督在生命上的联合。属基督的人是在基督里面；我们得蒙救

---

[38] 参路十六 4；徒十三 22，十九 26；林前十三 2 及此处。

[39] J. B. Lightfoot，同前，p. 142.

[40] T. K. Abbott，同前。

赎,不是单靠祂的能力,也不是单单藉着祂救赎的功劳,乃是在祂里面,因着信心与祂在生命上联合,成为一体。

“蒙了救赎” 保罗仍按着“拯救”的意思来解释我们和基督的关系,不过他这里用作比喻的词句有些不同。第十三节用的字,好像把基督形容作大能的战士,我们落在危险里,祂战胜了敌人,把我们救出来;这里形容的,好像一个奴隶落在另一个主人的手里,耶稣基督为我们付了赎价,把我们救赎出来。这里的重点不在赎价,而在基督救我们的方法和方式,赎价的思想不重要,重要的是祂把我们救赎回来了。实际上,基督给我们作成的救赎就是叫我们的“罪得赦免”。我们落在奴役之中是因为罪,现在祂为我们作成了救赎,我们的罪既蒙赦免,就不必再受罪的辖制了。“罪得赦免”是我们现今就享有的事实,而且继续不断地发生功效。[41]

㊶ 原文作ἐν ᾧ ἔχομεν τὴν ἀπολύτρωσιν.“我们蒙了救赎”这句话中的“蒙了”是现在时态,Lightfoot,同前,p. 251,主张用过去时态的ἔσχομεν,但支持它的版本见证太弱。现在时态的继续不断的含意很重要。

贰 无比的基督（一 15～23）

上面第十四节论到我们在神的爱子里得蒙救赎，神的爱子是整个救赎的中心，这位爱子是谁呢？这样就自然地引进了下面一段全新约中极重要的关于基督论的经文。基督是神在全宇宙的计划的中心，宇宙的创造和教会的救赎都是藉着基督，因此只有在祂里面，全宇宙才有存在的意义。

因此，有许多学者认为这段经文，特别是第十五至二十节，可能不是保罗写的，[①]他们认为在别的书信中，保罗论及基督时，多注重祂的救赎和祂与教会的关系，而这段经文却谈到基督与全宇宙的关系，与约翰的教训相似；而且这段经文里面有好几个字是保罗在别处没有用过的，所以不像是保罗写的。但事实上，保罗在歌罗西所遇到的困难与在别处的不同。这里有人故意贬低基督的身份，所以保罗需要加以解释。在别处，保罗也不是没有提过基督在宇宙中的地位和与创造的关系，只是没有这里讲论得这样详细。哥林多前书第八章第六节说，"我们只有一位神，就是父，万物都是从祂而来，我们也为了祂而活。我们也只有一位主，就是耶稣基督，万物都是藉着祂而有的，我们也是藉着祂而有的。"至于在别处没有用过的字，可参看本书绪论[②]的解释。

根据文字的分析，最近有不少人认为第十五至二十节是一首诗歌，早已在教会甚至教会以外流行，内容只是赞美神或基督，保罗将这首诗借过来，加上一些词句来配合歌罗西的情况。[③] 但是正如穆尔[④]所说，

---

① F. W. Beare，同前。

② 参见本书绪论，p. 7.

③ E. Lohse，同前，pp. 41－46，认为全诗分为两节：第 15 至 18 节上及第 18 下至 20 节，每节都用ὅς ἐστιν开始，接着有ὅτι 及καί引进来的句子；第 18 节上的τῆς ἐκκλησίας及第 20 节的διὰ τοῦ αἵματος τοῦ σταυροῦ αὐτοῦ是保罗加进去的。R. Martin，同前，pp. 44－49，将全诗分为三节：第 15 至 16 节，第 17 至 18 节上，及第 18 下至 20 节，每节都用"Who is"或"He is"开始，有许多字句也是加进去的。

④ C. F. D. Moule，*Colossians*，pp. 61f.

这样分析的理由都很主观,这段经文的构造没有清楚的韵律或节奏,很难评定是否诗歌;即使是诗歌,也不能证明不是保罗作的。因此,这段经文的体裁不会影响其中的教训。

(I) 基督是创造的主(一 15～17)

“这爱子是那看不见的神的形像,是首生的,在一切被造的之上。因为天上地上的万有:看得见的和看不见的,无论是坐王位的,或是作主的,或是执政的,或是掌权的,都是本着祂造的;万有都是藉着祂造的,又是为着祂造的。祂在万有之先;万有也一同靠着祂而存在。”

一 15 “这爱子是那看不见的神的形像” 神是“看不见”的神,我们肉眼看不见神的本体,而且不可能看见。“看见”一语包括内心的领会、认出、明白等意思;耶稣说,“信我的,不单是信我,也是信那差我来的。看见我的,就是看见那差我来的”(约十二 44～45)。基督来了,就把神启示出来,人只有从基督才能认识神,“那看见了我的,就是看见了父”(约十四 9),看见是因着神的启示,心中明白,[5]看不见就是没有领受神的启示,不能明白。这位看不见的神是人肉眼看不见的,也是人凭自己的思想不能明白的,现在藉着“基督脸上的荣光”(林后四 6)向人启示出来了。但神的荣光虽然在基督身上显明出来,人却要凭着信心,才能领会,才能明白,“不信的人……看不见基督荣耀的福音的光,基督就是神的形像”(林后四 4)。人常自以为聪明,要给自己作一些肉眼看得见的形像来代表神(参徒十七 29;罗一 22～23),但实际上,这些东西就显出了他们不信的心,因为神是肉眼“看不见”的神。

基督是看不见的神的“形像”。“形像”一词至少有几方面的意义。首先,形像是表示相似或相同;人是按着神的形像造的。人和其他被造之物有一个基本的分别,就是人里面有神的形像(创一 26,九 6),和神相似。人犯罪以后,他里面神的形像受了损毁,但仍然是“神的形像和荣耀”(林前十一 7)。基督是神的形像,就表明基督和神一样,有神的

---

⑤ 参 Wilhelm Michaelis, “ὁράω”, *T. D. N. T.* V, pp. 369 f.

神性和神的一切本性(来一 3),因此祂可以说,"那看见了我的,就是看见了父"(约十四 9),但基督和我们之间有一个重要的分别:世人是按着神的形像造的,而基督本身就是神的形像。

另一方面,形像是本体的代表,形像的作用是叫人看见形像,就如同看见本体,藉着形像把本体彰显出来。基督是神的形像,祂来世的目的就是要把神彰显出来,叫人因着祂,能认识那位看不见的神,因为"从来没有人见过神,只有在父怀里的独生子,将祂表明出来"(约一 18)。另一方面,形像表示尊贵和权柄。贝尔举出好几个例子来,说明埃及王常称为某神的形像,⑥表示他有该神的权柄和尊贵,所以有资格作王。虽然我们没法证明保罗的思想是否会受埃及传统的影响,但这种观念很合理,特别按着创世记的记载,人是按着神的形像造的,所以有权治理地面。若是这样,保罗用的"形像"一语也表明了基督的王权。

"是首生的,在一切被造的之上" "首生的"一语在新约中用过八次,除了本章第十八节及启示录第一章第五节讲到"从死人中首先复生的"以外,其他五次⑦都是明指头生的长子说的,其实从死人中"首先复生的"一语,也包含有"头生"的意义。这八次经文中有五次用在基督作弥赛亚的身份和地位上。在诗篇第八十九篇第二十七节,诗人说要立大卫为神的长子,为世上最高的君王,显然那是指大卫作为弥赛亚的预表而说的。希伯来书的作者将此经文直接用在基督的身上,"神差遣长子到世上来的时候又说,神所有的天使都要拜祂"(来一 6)。因此亚伯特认为"长子"一语,在新约时代已经是公认的弥赛亚的一个名称了。⑧实际上这样的用法是很自然的。

箴言第八章第二十二至三十一节论到神的智慧,那里所用的词句有许多和歌罗西书这里形容"主耶稣"的词句相似;智慧是在万有之先,万有好像是藉着它造的,祂是神创造工作的"工师"(箴八 30),因此有人将保罗这里所讲的基督解释作箴言中神的智慧。⑨ 但实际上旧约所

---

⑥ F. W. Beare,同前,pp. 163 f.

⑦ 参路二 7;罗八 29;来一 6, 十一 28, 十二 23.

⑧ T. K. Abbott,同前,p. 210.

⑨ 参 W. D. Davis, *Paul and Rabbine Judaism*, London: S. P. C. K. , 1948, pp. 147 ff.

讲的和歌罗西书所讲的有一个重要的分别:旧约所讲的智慧是神本性的一部分,虽然有时讲得好像有位格的一样,但那只是一种笔法;新约论到耶稣基督时,清楚地说明祂是与父神有同样位格的神,但祂却不是神自己。正如布鲁斯所说,保罗所讲的是"那位降世为人,受死复活的基督,成了我们的智慧(林前一 30)。这位基督是未有世界以前早已存在的"。[⑩] 耶稣是道成肉身,曾活在世上,亲身与人有交通的基督,祂也是创造的主。

保罗用"首生的"一语,意思不是说基督在我们以先出生,好像祂和世人的分别,只是祂比我们早出生;保罗的重点不在时间的先后,而在基督出生的独特性。前面所提的将"首生的"一语用在基督身上的经文都说出基督与人不同的地方。若单论时间的先后,基督并没有生在旧约的圣徒以前。连"从死里首先复生的"都是一样,若论时间,许多人比基督更先从死里复生。因此,这话的重点不在时间,而在基督"生"的方式和意义。

"首生的"一语有几方面的意义,首先是指出祂和人类万物之间的基本分别,宇宙万物都是"被造的",是创造的果效。基督是首"生"的;正如一首赞美诗所说,基督"是生成,非造成"的。[⑪] 在基本的生命上,祂和我们有一个绝对的分别。下面保罗说,"天上地上的万有……都是藉着祂,又是为祂而造的"(一 16)。如果万有都是藉着祂造的,那么当然祂自己不是被造的。"祂在万有之先"(一 17)。万有还没有被造,祂已经存在;祂作了创造的工作,万有才开始存在。在基督和一切被造之物中间有绝对的分别,祂是"首生的"。

另一方面,"首生的"一语也表明基督的尊贵和权柄。祂是首生的,因为祂的地位在一切之上。祂既然是坐在大卫宝座上的弥赛亚,祂就有王的尊贵和权柄。希伯来书说,因为基督是首生的,祂有权柄坐在宝座上,征服仇敌,统治国度(来一 6、8、13)。这里所说的国度不是指犹太人的国度,也不是单指属祂的人,祂的教会,乃是指全宇宙,一切被造

---

⑩ F. F. Bruce, *Epistles to the Ephesians and Colossians*, by B. K. Simpson and F. F. Bruce, New International Commentary Series, Grand Rapids: Eerdmans, 1956, pp. 194 f.

⑪ 《普天颂赞》第 109 首,"齐来崇拜歌",第二节,香港:文艺出版社,1977,修正版。

之物。基督有权柄治理万有，因为祂是在一切被造的之上。歌罗西书的基督论非常崇高：基督不单掌管教会，也掌管全宇宙；不单是教会的头，万有都靠祂而存在；不单信主的人因祂得与神和好，万有都要藉着祂与神和好。歌罗西的异端说基督是神人之间许多不同等级的被造物其中的一个，保罗说基督不是被造之物，乃是在一切之上，是万有的主。

"首生的"再一方面的意义，乃是说基督是承受万有的，祂是神的后嗣（罗八 17）。雅各从以扫得了长子的名分，他的年龄并没有变得真正大过以扫，但他却得了承受父亲产业的权柄。雅各成了神的长子（出四 22），就有权承受神给祂百姓所预备的一切福分，一切产业。在第十六至十七节，保罗说万有都是为祂造的，所以都是属祂的，也都要靠祂而存在。在受死以前和复活以后，主曾说天上地上的万物，和一切的权柄，都交在祂手里了（约十三 3；太二十八 18）。祂是首生的，祂有权承受万有，因此属祂的人才能和祂同作后嗣（罗八 17）。

一 16 "因为天上地上的万有：看得见的和看不见的，无论是坐王位的，或是作主的，或是执政的，或是掌权的，都是本着祂造的" 在歌罗西传异端的人以为在神和物质世界之间，有许多不同等级的被造之物，称为天使也好，或其他灵界的媒介也好。他们认为这些天使和基督是同等的，甚至有些比基督的等级还高。保罗用两方面的理由证明这种理论的错误，首先，保罗说明这一切都是被造之物，"都是本着祂造的"；若不是祂的创造，这些根本就不存在。另一方面，第二章第十五节说基督在十字架上已经胜过他们，废除了他们的权势，所以他们不是高过基督，也不是和基督同等的。

这节圣经讲到四种不同的权势，"坐王位的，作主的，执政的和掌权的"，显然都是灵界的权势。歌罗西书第二章第十节提到其中两种，"执政掌权者"；以弗所书第一章第二十一节也提到四种，其中三种和这里的一样，没有提"坐王位的"，而是加上了"有能的"。从这些用法可以看出，保罗并不是认为在天地中间，有一些固定的灵界等级。他用这些名词，也不表示他同意真有这些权势存在，实际上这里不是讨论这些权势是否存在的问题。这些名词很可能是当时歌罗西的异端，以及其他希腊哲学和宗教常用的字，这里保罗的意思是说，即使按这些异端的教训所说，真有各种不同的权势，他们也都是主所创造的，因为万有都是祂造的，其中最高等级的也都被祂征服了。

“都是本着祂造的” 可以直译作“在祂里面造的”，是一个构造比较特殊的句子，⑫只有在以弗所书有差不多同样的用法，“我们原是神所作成的，是在基督耶稣里创造的……并且废掉了律法的规条，使两者在祂里面成为一个新人。”⑬以弗所书的用法是指属灵的创造工作，神在基督耶稣里将我们造成新人；这里也应该有同样的灵性意义，否则下面的经文“都是藉着祂造的”，就是白白地重复了。万有都是在祂里面造的，祂是神创造的范围，正如布鲁斯所说，“神的创造和祂的拣选一样，是在基督里面，而不是与祂无关。”⑭

“万有都是藉着祂造的，又是为着祂造的” 罗马书将同样构造的句子用在父神身上，“万有都是……倚靠祂，归于祂”（罗十一 36）。万有的创造是藉着天父，也藉着耶稣基督；为着天父，也为着耶稣基督。这样的句子将耶稣的神性清楚表明出来。耶稣不单是创造的主，而且万有都是为祂而造的，万有的存在是为彰显祂的荣耀，完成祂的计划和目的。既然如此，万有就应该按着祂的旨意来生活和工作，否则便失掉存在的意义。

一 17 *“祂在万有之先；万有也一同靠着祂而存在”* 这节圣经可说是把前面两节所讲关于基督的教训归纳起来，再次说明祂的存在和权能。祂在万有之先，这里的“在”字，可以译作“是”或译作“存在”；在本句中的构造，译作“存在”比较合适。⑮ 基督在一切之先就已经存在。我们可以在历史上往前推想，不论推到多么久远，都不能想像有一个时候祂不存在。歌罗西的异端以为祂是在一些天使以后出现的，也有别的异端否认祂在宇宙被造之前已存在，还有些异端否认基督在道成肉身之前已存在，对这些错误的教训，这节圣经是保罗清楚的答复。

“万有也一同靠着祂而存在” 希伯来书的作者说，“神……藉着祂创造了宇宙，祂……用自己带有能力的话掌管万有”（来一 2～3）。今

---

⑫ 通常新约中讲神“藉着祂”作创造的工作，都是用δι᾽ αὐτοῦ，这里是用ἐν αὐτῷ.

⑬ κτισθέντες ἐν Χριστῷ.....κτίσῃ ἐν αὐτῷ，弗二 10、15.

⑭ F. F. Bruce，同前，p. 197，note 77.

⑮ 参见 C. F. D. Moule，*Colossians*，p. 67.

天宇宙能按神的旨意存在，是因基督用能力掌管着宇宙。这句话有几方面的意义。宇宙存在是有目的和意义的，否则基督就不必继续维持它的存在了。今天仍然有人认为世界的存在是偶然的，若是这样，人的生存也就失掉了意义，所以存在的意义并不单是哲学的问题，也是灵性的问题。另一方面，“存在”一语有配合成一完整系统的意思。[16] 科学家多方面证明宇宙的存在不是随便巧合的，而是一个完整无缺的系统。在自然界是如此，在人的思想和属灵的事物上也是如此。人不承认世界是有系统的，不按着系统去遵行，受亏损的是人自己和他所居住的世界。再一方面，宇宙能保持它的系统，是因为基督用能力维持它的存在。自从创造以来，基督的能力从来没有离开过祂所造的宇宙，祂若停止维持宇宙存在的工作，一切就都要毁坏了。基督不是像自然神论所讲的神，创造了世界，然后任它自然发展。基督一直用祂的能力掌管着万有，使整个宇宙能按祂的计划运行，完成祂的目的，因为祂是掌管万有的主。

(II) 基督是教会的头(一 18)

“祂是身体的头，这身体就是教会。祂是元始，是死人中首先复生的，好让祂在凡事上居首位。”

布鲁斯称这段经文的教训为保罗对新约基督论特殊的贡献。前面讲到创造工作时，保罗说明基督和全宇宙的关系，这里他要指出基督和教会的关系。贝尔特别在这里强调原来的“创造”与“新创造”的对照，一个是全宇宙，另一个是教会；一方面是全人类，另一方面是蒙救赎的人。[17] 这可以说是基督工作的两个方面。

一 18 “祂是身体的头，这身体就是教会” 保罗在本节圣经用三个词句来解释基督和教会的关系：身体的头，元始，和从死人中首先复

---

⑯ συνέστηκεν，参 W. F. Arndt & F. W. Gingrich, tr. & ed., *Greek-English Lexicon of the New Testament and Other Early Christian Literature*, Chicago: University of Chicago Press, 1957, p. 798.

⑰ F. W. Beare，同前，p. 168.

生的;这三个词句都说明教会在神的计划和基督的工作里的重要性。保罗在这里的教训和在以弗所书一样(弗一 22～23),基督是教会的头,教会是祂的身体。论到这方面的关系,在注重救恩的书信中,如罗马书和哥林多书,与在注重基督论的书信中,如以弗所书和歌罗西书,保罗用的比方好像不同。在罗马书和哥林多书中基督是身体,信徒是祂身上的肢体;在以弗所书和歌罗西书中基督是头,教会是祂的身体。但实际上两者的分别不是那么大,只是在重点方面的不同。在注重救恩的书信中,保罗也曾说过,"你们就是基督的身体,并且每一个人都是作肢体的"(林前十二 27)。在注重救恩的书信中,教训的重点是在基督徒彼此之间的关系,所以多注重基督徒互相作肢体的教训;在注重基督论的书信中,重点是在基督和信徒的关系,所以多注重基督是教会的头这方面的教训。这两个重点实际上有很亲密的关系,是一个比方在两方面的应用,而不是保罗的基本神学思想有了改变。

头和身体的关系是生命的合一,而不是表面的联合。基督是教会的头,教会是祂的身体,所以教会和基督必须有同一的生命。在基督的生命上没有份的人,不可能成为祂身体的一部分,不可能在真正的教会里有份。基督和教会联合到一起,就使整个教会有了生命,祂复活的生命成了教会的生命。祂是教会的中心,是教会生命的力量。人的思想、意志、计划、生活的方向都是从头来的,照样,教会也应当完全按着基督的思想、意志、计划来生活和工作。头有了思想和计划,不能自己去实行,要藉着身体去实行,同样,基督要藉着教会去完成祂的意旨和计划;教会应当是基督的器皿,正如身体是头的器皿一样。身体或任何一个肢体如果不听从头的吩咐,就没法过正常的生活。身体有顺服头的责任;照样,教会也必须在一切事上顺服基督,因为祂是教会的头。

"祂是元始" "元始"一词与创世记第一章第一节的"起初"及约翰福音第一章第一节的"太初"同字,正如创世记的"起初"是宇宙万物的开始,照样,基督是属天的创造的开始。教会是从祂开始的,祂是首生的,要在许多弟兄中作长子(罗八 29)。如果没有祂作"元始",根本就没有教会。另一方面,祂既是元始,是起头,是一切生命和力量的根源,教会必须继续不断地倚靠祂。

“是死人中首先复生的” 正如前面所说，[18]这话并不是指时间的问题，乃是论到祂复活的性质和方式。祂是第一个胜过死亡、从死人中复活过来的，从此祂就成了以后要从死里复活之人的保证。祂从死里复活，作成了一个新的开始，从此属祂的人就有了一个新的生命方向。同时，复活又表明了祂是高于一切的；连死亡都胜过了，祂自然是高于一切的。

下面第二十节才解释耶稣基督救赎的工作，“藉着祂在十字架上所流的血成就了和平”，但这里“从死人中首先复生的”一语，把救赎的意义先暗示出来了。死而复活不能与救赎脱离关系，因为若不是为了救赎，祂就不必死，也不必复活。基督和全宇宙所有被造之物的关系，是因祂的地位和大能，祂是首生的，也因祂的能力创造万有；祂和教会的关系却是因着祂的受死和复活。

“好让祂在凡事上居首位” 本句中的“祂”字处在特别加重语气的地位，穆尔解释作“祂单独地”或“惟有祂”。[19] 祂作头，作元始，和从死人中首先复生的，目的是要让祂单独地在一切事上居首位。“好让”一语有“成为”或“变成”的意思。对整个宇宙来说，祂“是”首生的，因为祂是神的儿子，祂本身就有此尊贵的地位；对教会来说，因祂从死里复活，才成为在一切事上居首位的。祂居首位是祂救赎工作的结果。

(III) 基督使万有与神和好(一 19～20)

“因为神乐意使所有的丰盛都住在爱子里面，并且藉着祂在十字架上所流的血成就了和平，使万有，无论是地上天上的，都藉着祂与自己和好了。”

前面保罗说，“爱子是……在一切被造的之上……在凡事上居首位”(一 15、18)。下面他要解释基督有这样尊贵地位的原因。[20] 在歌罗

---

⑱ 参见前面西一 15 的解释，p. 42.

⑲ C. F. D. Moule, *Colossians*, p. 69.

⑳ 严格按文法的构造，第十六节的ὅτι句子是解释第十五节的ὅς ἐστιν，第十九节的ὅτι句子是解释第十八节的αὐτός ἐστιν。但按整个句子意义的平衡来看，第十九节应该是第十五至十八节全段的原因，基督是在一切之上，因为神的丰盛住在祂里面，祂是神。

西异端的思想体系中，神和人之间的被造物占极重要的地位。这些被造之物可称为次等的神，神和次一等的神可以来往；次一等的神和再次一等的神可以来往，如此类推。但神不能直接和人来往，必须要透过这些次等的神。保罗说不是这样，神的丰盛完完全全地住在这位道成肉身的基督里面，祂是神也是人；因着祂，神可以直接和人来往，祂是神和人中间完全的中保。

一 19 *“因为神乐意使所有的丰盛都住在爱子里面”* 此节圣经中的“神”字是译文加上的，原文的动词“乐意”没有清楚的主词。有许多解经的人把“丰盛”解释作“乐意”的主词，但这样的解释，也必须将“丰盛”解释作第二十节“与神和好”的主词，这样就不大合理。史格托举例显明在犹太人的文学中，“乐意”一词常常有“神的旨意”的意思，[21]所以这里译作“神乐意”最适合。“丰盛”一词在新约中用过很多次，[22]多半是“充满、满足、补足”等意思。在书信中，该词有比较重的神学意义。在后来的诺斯替派思想中，穆尔认为“‘丰盛’有专门性的用法，表示神和人中间不同等级的受造之物的总和”。[23] 在歌罗西的异端中，可能也有同样的用法。但这里保罗用同样的字来表达真正神的丰盛的意义。在本书第二章第九节讲到“神本性的一切丰盛”，又在第一章第二十节讲到基督藉着十字架上流的血使万有与神和好。在基督里的神的丰盛，应该是指着神本性和祂的能力、权柄、荣耀等的总和。彼克及迈尔将丰盛解释作“神完全丰盛的恩典”。[24] 神使一切的丰盛住在基督里面，意思是说在道成肉身时，神给了祂丰盛的恩典，使祂能完成使人与神和好的工作。虽然恩典的意思根本上不在“丰盛”的含意里面，但按上下文的构造，此解释却很适合。

“住在爱子里” “住”字是新约里常见的字，特别是在使徒行传里面；莱特弗特引用希腊文的旧约译本(七十士译本，*LXX*)创世记第三十六章第四十四节等多处经文证明此“住”字是永久居住的意思，而不

㉑ “It was the good pleasure”，参看 E. F. Scott，同前，p. 25.

㉒ 参见 F. F. Bruce，同前，p. 206，注 122，在那里 Bruce 分析此字在多处经文中的用法。

㉓ 看 C. F. D. Moule, *Colossians*, pp. 164f. “A Note on πλήρωμα”.

㉔ 参见 H. A. W. Meyer，同前，p. 297；A. S. Peake，同前，p. 508.

是暂时的停留；但事实上，此字所能表达的“永久”的意义是从它的用法、上下文的关系和相类似的字比较而来的，[25]而不是在字的本身。另一方面，按圣经的用法，此字常显出一种居住的特别意义，表示有交通来往的意思。[26] 神是无所不在的，所以可以说神是居住在全世界；但此处的“住”字表示一个更深的关系，如同在家里居住，有爱和交通的关系，而不是一种随便存在的居住。“基督藉着你们的信，住在你们心里，使你们既然在爱中扎根建基，就能和众圣徒一同领悟基督的爱是多么的长阔高深”（弗三 17～18）。神的丰盛如此住在基督里，因此人在基督里就可以知道神的大爱，经验神救赎的大能。

一 20 “并且藉着祂在十字架上所流的血成就了和平” “成就了和平”一语在文法上是个分词，时态和下面的“与神和好”一样，是用来形容“与神和好”的方法。此分词的主词和“与神和好”一样，都是第十九节“乐意”的主词，是神自己。[27] “成就了和平”是一个字，在新约中，只在这里用过一次，但此真理在新约中却很常见。在罗马书，保罗说“与神和好”或作与神中间有和平，是因信称义的果子（罗五 1ff.）。人因着罪本来是与神为敌的，基督在十字架上替人受了罪恶的刑罚，流出祂的血，付了罪的代价，满足了神正义的要求，使神与人和好了。神的正义得到满足，祂可以接纳罪人了；只要罪人肯相信，神就能称人为义，使神和人中间的敌意除掉；所以“成就和平”与因信称义的真理是不可分的，而这一切的根基是基督在十字架上所流的血。

“使万有，无论是地上天上的，都藉着祂与自己和好了” “与自己和好”一语的构造和第十九节的“住在”完全一样，都是“乐意”的宾词，神乐意使祂的丰盛住在爱子里，又乐意使万有与祂自己和好。[28] “藉着

㉕ 如同创三十六 44 的κατῴκει 与 παρῴκησεν 的比较。

㉖ κατοικέω 如同人住在家里，οἰκία 也一样，参看 F. W. Beare，同前，p. 171.

㉗ Lohse 和许多别的作者都不同意神是“成就和平”的主词，但这里文法的构造很难作别的解释；如果将基督解释作此分词的主词，在意义上没有困难，但在构造上要用第十八节的“祂”来作第二十节的分词的主词，而中间隔着第十九节，这样的构造很不自然，甚至不合理。

㉘ 原文中这里的εἰς αὐτόν 与 εἰς ἑαυτόν 的意思一样；Lightfoot，Ellicott，Peake，Bruce 等皆如此解释。

祂”的“祂”字是指基督，这是保罗一贯的教训。“这一切都是出于神，祂藉着基督使我们与祂自己和好……就是神在基督里使世人与祂自己和好”(林后五 18～19)。[29] 关于使人与神和好的教训有几方面需要留意。首先，人需要与神和好，就表明人与神本来是“不和”的，人因着罪已经与神隔绝了。然后，圣经上讲到使人与神和好时，永远是要神采取主动，人不能主动地恢复与神的关系，因为人本来是死在罪恶过犯之中的(弗二 1)，没可能主动地恢复和神的关系。如果神不先主动地差遣耶稣到世上来，人永远都没有盼望。再一方面，圣经的教训是神“使人”与自己和好，需改变的是人而不是神。神的圣洁、慈爱永远不改变，人需要改变，要为罪悔改。最后，作成和好需要极大的代价，就是前面所说，“藉着主在十字架上所流的血成就了和平”。道成肉身的耶稣基督，被钉在十字架上流血、受死，这是历史上的事实；基督这样受死，就为人成就了救赎，使人得与神和好。

地上的万有与神和好，我们容易明白，“天上的万有”也需要和好吗？如何能和好呢？初期教会和中世纪，甚至近代教会中，都有学者认为“天上的”一语是指天使说的。[30] 他们认为人犯罪得罪了神，以致天上的天使向人发怒，成了人的敌人，救赎作成以后，神不单使人与自己和好，也使人与天使和好了。这样的解释很巧妙，但保罗的意思是否如此？在保罗的教训中，他从来没有说过人需要与天使和好，而且这里保罗说神使万有与自己和好，根本没有提到天使与人和好的问题。保罗这里用的是笼统的话，而且是借用这些异端的话来反驳他们。歌罗西的异端叫人敬拜天使，而且将天使分成许多等级。保罗说，因着基督十字架的功劳，万有都与神和好了，即使有各样的天使，他们也不是与神对立的，所以用不着敬拜他们。这样的经文并不表示保罗接受这些异端对天使的教训，保罗只是说，即使按你们所说的，有这样天上的权势，他们也都要顺服基督的权柄，不能再抵挡基督了。即使是出于不得已，

㉙ 西一 20 用ἀποκαταλλασσω，林后五 18～19 用καταλ λάσσω，这两个字在基本意义上没有分别。Lightfoot 认为ἀποκαταλλάσσω的语气比较重。

㉚ 初期教会的 Chrysostom，近代的 Erasmus 和 Bengel 等都这样解释。参看 T. K. Abbott，同前，pp. 222f.

他们也已被基督征服，所以“天上的万有”也只能与神和好。

基督所作成的救赎影响整个宇宙；人的罪使全宇宙都落在咒诅之下（罗八 19～23），基督的救赎自然也会影响全宇宙。神已经悦纳了基督救赎的功劳，祂可以不再定世界的罪了。不过，虽然基督的功劳已蒙神悦纳，却不是说全人类都要得救。解释圣经的时候，一方面要顾及上下文的教训，另一方面也要顾及整本圣经的教训。如果不理会别处经文的教训，只取出一节圣经来断章取义地去解释，可能得到与圣经不符的结论。保罗在所有书信中说得十分清楚，救恩不单是个客观的事实，更需要主观的经验；要有基督十字架流血的功劳，还要有去接受的信心。如果要从这样的经文下结论说，人将来都要得救，就是违反了保罗在别处清楚的教训。前面已经提过，罗马书第五章第一节清楚地说，“我们既然因信称义，就藉着我们的主耶稣基督与神和好。”

与神和好，是指人在“主耶稣基督”里要得的救恩。但另一方面，与神和好是指着宇宙有完全的和谐，不再有任何抵挡神的势力存在。万有都要顺服在神面前，这样的顺服，可能是乐意的顺服，也可能是被基督征服，不得不顺服在神面前。歌罗西书第二章第十五节论到神要胜过一切“执政掌权的”，这些执政掌权的已被神征服，不再有抵挡神的行动了；腓立比书第二章第十至十一节说，天上地上和地底下的一切，都要因耶稣的名在神面前屈膝，承认耶稣基督为主，这些权势和被造之物要顺服在神的面前，却不是乐意地接受神的权柄或者基督的救恩。万有既然是藉着祂，又是为祂造的，所以最终万有都要顺服在祂面前，完成祂的计划。这是新约基督论的高峰。

(Ⅳ) 基督使信徒与神和好（一 21～23）

“虽然你们从前也是和神隔绝，心思上与祂为敌，行为邪恶，但现今神在爱子的肉身上，藉着祂的死，使你们与自己和好了，为了要把你们这些圣洁、无瑕疵、无可指摘的人，呈献在祂的面前。只是你们要常存信心，根基稳固，不受动摇而偏离福音的盼望。这福音你们听过了，也传给了天下万民；我保罗也作了这福音的仆役。”

前面第十九至二十节讲到因着主耶稣在十字架上所流的血，全宇宙都能与神和好了,这里保罗说歌罗西的信徒也同样与神和好了;而且只要他们能够"常存信心,根基稳固,不受动摇而偏离福音的盼望",将来所有相信的人都要无可指摘地被呈献在神面前。这是神在信徒身上的目的。

一 21 "虽然你们从前也是和神隔绝,心思上与祂为敌,行为邪恶" 这里保罗用三个词句来形容歌罗西人与神和好以前的情况:在地位上与神隔绝,在心思上与神为敌,"行为邪恶",这是所有没有与神和好的人的境况。外族人本来是与神隔绝的。"隔绝"一词是指根本不属神的,与神没有关系。保罗书信中曾论到与神隔绝的人,"你们是在基督以外,与以色列国无分,在带有应许的约上是外人,在世上没有盼望,没有神"(弗二 11);不单如此,还在"黑暗的权势"之下,抵挡神。

"心思上与祂为敌" 心思代表人的理智、思想,但通常是指人在道德伦理方面的思想,因此克利美称之为"道德方面反应的本能"。[31]"为敌"是主动地反对或敌对的意思。没有与神和好的人,在"心思上"选择与神对立,与神为敌。

"行为邪恶" 这是一个没有与神和好的生命在行为上的表现,它不只是抵挡神,还表现在以世人的伦理道德标准来衡量一切。

一 22 "但现今神在爱子的肉身上,藉着祂的死,使你们与自己和好了"[32] 这里的"现今"与第二十一节的"从前"是相对的,用来比较歌

---

[31] H. Cremer, *Biblico-Theological Lexicon of N. T. Greek*, N. Y.: Charles Scribner's Sons, 4th ed. 1895, p. 439.

[32] 这节圣经的构造有些困难。"与神和好"一字有两个读法,第二人称复数被动式ἀποκατηλλάγητε,和第三人称单数主动式ἀποκατήλλαξεν。支持两个读法的版本见证的分量都差不多。联合圣经公会的希腊文新约选用第二人称复数被动式,中文的和合本与新译本都选用了第三人称单数主动式。两种读法在构造上都有困难。中译文第二十二节开始的"神"与"爱子",在原文中都是"祂"字。如果用第二人称复数"你们"作"和好"的主词,"祂"字所指的就不清楚了,即使将"祂"改作"神"与"爱子",构造仍然不清楚,而且本节末了的"呈献"一词没有主词,要用第十九节"神乐意"一语的主词。第十九节是在另一段中,因此这样的构造很勉强。如果用第三人称单数,则"神"是"和好"一语的主词,那么本节开始的"祂"字也可能是指"神"说的。因此本书的译文根据新译本的译法,用第三人称单数,将本节开始的"祂"字改作"神"和"爱子",这样的译法困难比较少一点。

罗西人与神和好以前及与神和好以后的景况，而不是说“现在”或者“今天”。从前歌罗西人是与神隔绝的，现在他们与神和好了。他们能够与神和好是因着耶稣基督的死，而且保罗特别提出是基督在肉身的死。“肉身”一语是新约中很少见的用法，目的是要指出基督使人与神和好的功效不是轻易作成的，祂要付上死亡的代价。歌罗西的异端叫人靠自己的功劳得拯救，甚至靠着敬拜天使。保罗说那些方法都无效，天使不能帮助人得救，他们没有肉身，只有基督能给人作成救赎，因为祂曾在肉身中受死。

“为了要把你们这些圣洁、无瑕疵、无可指摘的人，呈献在祂的面前” 这里的“祂”可能是指神说的，神使人与自己和好的目的，是要把得救的人呈献在祂自己面前，使人在末日的时候能无瑕疵地在神面前出现；但保罗也曾说过，我们将来都要在基督的审判台前出现，所以这里的“祂”也可能是指基督。“呈献”一词与罗马书第十二章第一节“将身体献上”的“献”是同一个字，因此有人将歌罗西书第一章第二十二节解释作要将信徒像祭物一样献在神的面前。但在使徒行传第二十三章第三十三节，兵丁将信呈给总督的“呈”字，也是同一个字，而且圣经上从来没有说过神要将祭物献给自己。再者，若“在祂的面前”是指“在基督的审判台前”，“呈献”一词解释作献祭的意思就更加不适合了。多半学者都认为“呈献”是法庭上用的名词，如同一个被告被“带到”法官面前，等待着法官的宣判。已经与神和好的人，被呈到神面前时，神要宣布他无罪，因为他是“圣洁、无瑕疵、无可指摘”的。

“圣洁、无瑕疵、无可指摘”基本上都是形容人灵里的情况，是以宗教的标准来衡量的。当然其中也包含着道德伦理的意义，但是这种情况不是人凭自己的能力可以达到的；只有藉着基督十字架上的功劳，与神和好的人才能成为“圣洁、无瑕疵、无可指摘”的；已经与神和好的人要这样被呈献到神的面前。

一 23 “只是你们要常存信心，根基稳固，不要动摇而偏离福音的盼望” 保罗向歌罗西人作了保证，与神和好的人将来要“圣洁、无瑕疵、无可指摘”地呈献在神面前；然后他又给他们一个劝勉，“只是你们要常存信心”，或作“常住在信心里面”。圣经上的确讲到信主的人有永远的保障，但同样也讲到信主的人要持守他们的信心。一次得救永远得救的人,一定是持守信心的人,因为信心是得救的条件,也是得救的人的记号。注重一方面的真理,而忽略另外一方面,常常会引起不必要的争论。自称为得救的人,不能过任意放荡的生活,否则他就没有明白真正得救的意义。保罗的劝勉将这两方面的真理清楚地表明出来:你们将来必蒙神悦纳,只是你们要常存信心。[33] 下面保罗用房屋的比喻来形容他们的信心要根基稳固(比较太七 24～27)。根基稳固,房屋也就稳妥。歌罗西这个地方常有地震,当地的人知道地震时房屋摇动的情形,这里保罗用在属灵的意义上,他们在信心的根基上站立得稳,在面临异端教训的攻击时,就不致摇动。他们信心的根基是福音的盼望,不应因异端的影响,转离他们已经相信的稳固的根基。

“这福音你们听过了,也传给了天下万民;我保罗也作了这福音的仆役” 保罗说出几个原因,叫他们不要摇动,离开福音的盼望:这福音是他们听过的,他们最初听见相信而得救的福音,他们不能离开,若离开就证明他们最初信错了,他们也没有真正得救。这福音也传给了天下万民,歌罗西人不要以为他们是在孤军作战,因而感到灰心。全世界的基督徒都信了同样的福音,所以你们不要离开这福音。下面再加上一句,我保罗也作了这福音的仆役。“仆役”是保罗常用的字,多半的时候是注重神的仆人从神领受的责任,如哥林多前书第三章第五节;哥林多后书第十一章第二十三节。这样的用法译作“仆人”或“仆役”比较适合。这里他称自己是福音的仆役,是讲明他领受了使徒的呼召,其中一个责任是传福音(林前一 17)。保罗这里不再用“我们”,而只用“我”,表示他单独的领受,也自然地引进了下一段经文,特别解释他作福音的仆役的工作。

㉝ “只是……要”一语原文是εἴ γε + 语气的动词,表示这话所讲的是一件确定的事实。参见 R. Martin,同前 p. 59, note 1.

叁 基督的仆人（一 24～二 7）

作福音的仆役是作使徒的职责的一部分，现在保罗要解释他作这样仆役工作的意义。这段经文是全书信中讲到他自己最多的一段，有几方面的原因使他这样作。首先，保罗要解释他作外族人的使徒的职分。他是外族人的使徒，因此有责任照顾全世界的教会，歌罗西的教会当然在他的责任范围之内。因为这样的责任，他才有权柄讲下面要讲的一些严厉的话；另一方面，他有权柄解释福音的真义，因为他自己为福音的缘故受了许多劳苦和逼迫，所以他明白为福音受苦的真正意义。再一方面，保罗和歌罗西及那一带地方的教会有特别亲密的关系，因为这些教会是他所派的代表以巴弗建立的，[①]这些教会面临异端的试探，保罗自然特别关心。

这段经文也是全书中最富于牧养色彩的一段，经文中充满了关怀和勉励的话语。保罗先解释他自己领受的职分的意义（一 24～25），然后解释他所传信息的性质（一 26～29），接着表明自己对歌罗西一带地方教会的关心（二 1～5），最后是对教会勉励的话（二 6～7）。

(I) 保罗的职分(一 24～25)

“现在我为你们受苦，我觉得喜乐；为了基督的身体，就是为了教会，我要在自己的肉身上，补满基督苦难的不足。我照着神为你们而赐给我的管家职分，作了教会的仆役，要把神的道传得完备；”

一 24 “现在我为你们受苦，我觉得喜乐” “现在……我觉得喜乐”在全句中，处在加重语气的地位。“现在”是指保罗写信的时刻；现在，坐在监牢里的时候，“我心里充满喜乐”，因为他受苦是为了教会的

---

① 参前面第七节的解释，p. 30.

缘故。保罗永远也不会忘记,“我原是使徒中最小的,本来没有资格称为使徒,因为我曾经迫害神的教会”(林前十五 9),但是现在神竟然准他为教会受苦,分担基督的苦难,一想到神这样的大恩典,他的心里就充满喜乐。

但在另一方面,保罗被监禁的事很可能引起当时许多人的误会,甚至给那些抵挡他的人,特别是那些异端的师傅,一个批评他的机会。保罗自称是神的仆人,是神所拣选的,是传真理的人;既是神所拣选的人,为什么会被政府监禁?② 他们或者会说,保罗坐监就证明他不是神所喜欢的人,不是好人,是不值得相信的人。保罗被解去罗马的海程中,船沉了,保罗和兵丁等在马耳他岛被救上岸,他拣柴烧火的时候,一条毒蛇咬了他的手,看见的人立刻说,“这个人一定是凶手,虽然从海里脱险,天理也不容他活着”(徒二十八 4)。这是一般人的看法,歌罗西那些反对保罗的人若有这样的批评,保罗自然应该加以解释,“现在我为你们受苦”。但使徒为教会受苦并不是偶然的事,而是整个使徒职责内的一部分,所以保罗接着解释他在肉身受苦怎样补满基督的苦难。

“为了基督的身体,就是为了教会,我要在自己的肉身上,补满基督苦难的不足” 保罗已经说过,他为歌罗西人受苦觉得喜乐,现在他又解释说,他受的苦是在肉身上亲身经历了苦难,为要完成他使徒的职责。若不是为作使徒的工作,他可以不必受这些苦难,这些苦难是为教会受的。这些苦难可能是身体上的,也可能是心灵里的,保罗在别处曾说,“我们从前到了马其顿的时候,身体一点安宁也没有,反而处处遭受患难,外面有争战,里面有恐惧”(林后七 5),“我受更多的劳苦,更多的坐监,受了过量的鞭打,常常有生命的危险。……除了这些外面的事,还有为各教会挂心的事,天天压在我身上”(林后十一 23～28)。这一切苦难的目的,都是为教会的好处,为此他心里有喜乐。按着他自己的喜好,保罗宁愿离开世界去与主同在,脱离这一切的苦难(腓一 23～24),但是为了教会的好处,他满心欢喜地留在世上,忍受苦难。

他的苦难可以“补满基督苦难的不足”。既然他的苦难是为教会受

② 参见 R. Martin,同前,pp. 62f. 他特别强调这一点。

的，为什么又说可以补满基督苦难的不足？教会的苦难怎能算作基督的苦难呢？在书信中，保罗一再地说，教会是基督的身体，基督与教会在灵里是合一的；保罗自己的经验更加强了他这方面的领受。在大马士革的路上见到异象时，耶稣对他说，“扫罗，扫罗，你为什么逼害我？”（徒九 4）。[③] 因为基督与教会的合一，逼迫基督徒就是逼迫基督。

“补满”意思是“按着需要完全补足”。[④] 基督的肢体受苦，就是基督受苦，保罗为教会受苦就是补满了基督的苦难。“苦难”不是指基督为完成救赎而受死的痛苦；为作成救赎所受的痛苦，基督已经完全地受尽了。祂十字架的痛苦和功劳没有任何缺欠，没有任何不足。这里保罗用作“苦难”的字，[⑤]圣经上从来没有用来形容基督十字架的痛苦，所以保罗这里讲的不是基督受死的痛苦；那方面的痛苦已经完全了，人一点也不能去补充。

有些早期的天主教解经家将本节圣经解释作基督救赎的功劳有缺乏，需要使徒或今日的圣徒藉着苦难去补足，因此就有了天主教的建立“多余的功劳”和用“余功”赎罪等等的教训。这样的教训与整本圣经的教训相违反，特别与保罗的教训不合。保罗多次强调救恩是藉着信心来领受神的恩典，一点也不能靠人自己的功劳。全本加拉太书都是这方面的证据。另一方面，保罗强调基督十字架救赎的功劳完完全全地满足了神正义的要求，没有一点缺欠，用不着任何人去补足。罗马书清楚地讲明了基督的受苦和受死如何满足了神的要求。近代天主教的解经家已渐渐少用这种解释了。

保罗蒙召的时候，耶稣已经告诉他，为了主的名，“他必须受许多的苦”（徒九 16）；藉着保罗所受的苦，也藉着所有属基督的人所受的苦，福音才能被传开，教会才能被建立。按保罗或所有在传福音工作上有

---

③ 亚伯特认为新约中从来没有说过教会受苦就是基督受苦，他对使徒行传第九章第四节的解释是保罗因为要逼迫基督，所以就逼迫基督徒，看 T. K. Abbott，同前，p. 231. 但这样的解释很勉强，因此多半解经的人都认为教会与基督的合一是解释这节圣经的关键。

④ 此字是由三个字组成的，ἀντι-，ἀνα-，πληρόω，在全新约中只用过这一次，但其含意却不一定十分特别。莱特弗特强调ἀντι-有“代替”的意思，看 J. B. Lightfoot，同前，p. 165，此意义在这里可能存在，但不是十分重要，而“补足”的意思更加重要。

⑤ θλίψις通常是指生活上的困难或苦难，启示录的“大患难”（七 14）也是这字。

份的人所作的见证,苦难有时是必须的经验。因着敌人的拦阻,或世人的罪恶,传福音的人自然常会遭遇苦难;使徒行传的记载和哥林多后书第十一章的见证是很好的例子。按整个教会来说,任何基督徒受的苦难都是教会的苦难,教会所受这样的苦难就成了磨炼和造就教会的工具。苦难可以使教会更加坚强,更加被建立,也更加长大。同时因为基督与教会的合一,教会的苦难就是基督的苦难,⑥所以保罗可以说在他自己的肉身上来补满基督苦难的不足。“不足”一语原来是复数的名词,是讲到在一些具体的事物方面的不足。腓立比书第四章第十一至十二节讲到物质方面的不足,第二章第三十节讲到服事的不足;帖撒罗尼迦前书第三章第十节讲到信心的不足。这样具体的用法,更可以显出在这里保罗所讲的不是指基督受死的功劳,而是指教会的生活、灵性和事奉各方面;基督常在祂的教会身上受苦难,保罗所受的苦,就是要补足这些苦难。

一25 “我照着神为你们而赐给我的管家职分,作了教会的仆役,要把神的道传得完备” 保罗称他的职分为神所赐给他的“管家的职分”。此字在以弗所书第一章第十节译作“到了所计划的时机成熟”,以弗所书第三章第二节有同样的用法。“管家的职分”或“计划”都是显出神在整个世界中有一个清楚的救赎计划,到了神所计划的时候,就拣选了保罗去完成祂的计划;而且神给保罗此职分是“为你们”,歌罗西的教会是在神整个计划里的一部分,所以歌罗西的基督徒应当认清楚他们在神整个计划中所占的地位。这对歌罗西教会应该是极大的鼓励,也可以减少他们对保罗可能有的误会。

神给保罗的职分是去传神的道。“神的道”一语在保罗书信中用的不多,但几处经文都显出这句话是指神完全的福音。哥林多后书第二章第十七节“不……谬讲神的道”,第四章第二节“不掺混神的道”,腓立比书第一章第十四节“更勇敢地传讲神的道”。⑦ 保罗要传的是神完全的道理,就是福音。歌罗西的环境和背景也许和其他地方不同,但保罗

⑥ 莱特弗特将“基督的苦难”分为两类,为完成救赎满足神的要求的,和为建立教会的(*Satisfactoriae*; *Aedificatoriae*),详见 J. B. Lightfoot,同前,p. 166.

⑦ 保罗这里用的是λόγος τοῦ θεοῦ,是指完全的福音;ῥῆμα θεοῦ是指在一个特殊的情况之下,一个具体的信息或话语,比较太四 4;路三 2;罗十 17;来十一 3 等处的用法。

所要传的道不会因此改变。今天基督徒去传道也应当如此(参林前二1～5)。

“传得完备” 有“充满、满足、应验、完成”等意思。把福音传得完备,不单是把福音的内容或圣经教训、神学思想等一字不减地完全传出去。下面的经文就解释完备的神的道是什么。保罗传的是真正的“福音真理”,是按歌罗西人所能明白、所最需要的传讲出来,而且不单是清楚传讲,更要“完成、满足”,使福音在人心里能完成这方面的工作,叫人确实明白、领会福音在他身上能作成的工作,因而接受福音的信息。

(II) 保罗的信息(一 26～29)

“这道就是历世历代隐藏的奥秘,现在这奥秘已经向祂的众圣徒显明了。神愿意使他们知道这奥秘在外族人中有多么荣耀的丰盛,这奥秘就是基督在你们中间成了荣耀的盼望。我们传扬祂,是用各样的智慧。劝戒各人,教导各人,为了要使各人在基督里得到完全。我也为了这事劳苦,按着祂用大能在我心中运行的动力,竭力奋斗。”

保罗刚刚说过他领受的职分是要把神的道传得完备,按着神的计划将福音的道传到犹太人以外的地方去。现在他要解释所传的福音的道是什么。

一 26 “这道就是历世历代隐藏的奥秘,现在这奥秘已经向祂的众圣徒显明了” 神的道是个奥秘,“奥秘”的意思,在早期的希腊文中,是一个秘密,一件隐藏的事,或隐藏的真理。在圣经中的用法,则表示一件过去隐藏的真理,现在却已经显明出来了,[8]因此奥秘常和启示或显明一起用。[9] 只有神向人启示或显明,人才能知道福音的奥秘。人凭自己的方法永远也不能知道奥秘的内容,否则就不是圣经所讲的奥秘了。“奥秘”一词本身不能显出奥秘的内容,它真正的内容和性质要按上下文的用法来决定。马太福音讲到天国的奥秘,哥林多书论到基

---

⑧ 参 W. E. Vine, *Expository Dictionary of N.T. Words*, Westwood, N. J.: Revell, 1940, III,97.

⑨ 参太十三 11;可四 11;林前十五 51;弗三 3.

督再来时信徒身体要改变的奥秘。在以弗所书和歌罗西书中，讲到保罗所传讲的奥秘的两方面。两方面的重点不同，但有密切的关系，因为是属于同一个奥秘。以弗所书的重点是外族人不必变成犹太人，就可以在神的恩典中有份，“在基督耶稣里，藉着福音可以同作后嗣，同为一体，同蒙应许”(弗三 6)，歌罗西书则注重基督在外族信徒中间，成了他们有福的盼望。

“奥秘”一词可能是歌罗西的异端，或当地迷信的宗教所喜欢用的字。莱特弗特认为保罗是用这些异端常用的名词来反驳他们的教训；这些异端，特别是灵知主义的思想，认为只有那些有深奥知识的人，才能明白奥秘的事，一般人不能知道。保罗说，真正的奥秘已经启示出来了，神要歌罗西人知道祂的奥秘。有人认为保罗这里用的“奥秘”是从异端的教训借来的，⑩但实际上，这样的解释没有必要。“奥秘”一字在福音书和旧约(但二 18、19、47 等)用过很多次，而且和保罗这里的用法一样：一件隐藏的真理，因着神的启示，人便晓得。这里的用法既然恰当，保罗用来表达他的教训即是非常合理的。

这奥秘“是历世历代隐藏的”。耶稣曾说，“曾经有许多先知和义人想看你们所看见的，却没有看到，想听你们所听见的，却没有听到”(太十三 17)。救恩福音的真理，特别是外族人蒙恩得救的真理，在旧约时代是隐藏的，到新约时代，特别是在保罗的书信中，才清楚地启示出来。原文中的“世”可以代表一个较长的时间，“代”表示一个较短的时间，如同人生命里的“一代”，两个名词用在一起，是表示很长的时间，意思是说，很多世代以来，⑪一直是隐藏的，所以人过去不能明白。

---

⑩ 参 J. B. Lightfoot，同前，pp. 169f.

⑪ 史格托认为“世”和“代”两个名词是灵知主义中用来形容神人之间那些不同等级的被造之物的。他将林前二 7～8 的“这世代执政的人”解作天使，如此则保罗在哥林多书中说神永世的计划是向天使隐藏的，所以他认为这里歌罗西书中的“历世历代”也是指着天使说的，E. F. Scott，同前，p. 33；J. A. Bengel，*The New Testament Word Studies*，Grand Rapids：Kregel Publications，1971 rep. of the *Gnomon Novi Testamenti* Vol. 2，p. 457. 近代许多解经的人都这样解释。但布鲁斯指出“历世”和“历代”两词之前都用ἀπό，所以很显然是指时间说的，“历世历代以来”，F. F. Bruce，同前，p. 218，注 169。特别是下一句有νῦν δέ，与前面的ἀπό相对，意思是说，历世历代以来一直都是隐藏的，但现在启示出来了，参见 E. Lohse，同前，p. 74.

“现在这奥秘已经向祂的众圣徒显明了” 以弗所书第三章第五节可以作本节的一个解释，告诉我们神如何将祂隐藏的奥秘启示出来。“这奥秘在以前的世代并没有让世人知道，不像现在藉着圣灵启示了圣使徒和先知那样。”历世历代隐藏的奥秘，现在向祂的众圣徒显明了。但神向圣徒显明奥秘的方法，却不是让圣徒自己直接去得新的启示，乃是藉着圣灵，神把启示给了祂的圣使徒和先知，而后来的圣徒，从使徒和先知所得的启示，才能得知神的奥秘。这是一个很重要的真理，可以防止人自以为从神得了新的启示而走向错误。神的启示已经藉着使徒和先知赐下来了，圣徒要藉着使徒和先知，才能明白神的奥秘。

一27 “神愿意使他们知道这奥秘在外族人中有多么荣耀的丰盛” “愿意”表示神的旨意，祂有完全的自由，按着祂自己所定的计划去完成祂的旨意。这里的“他们”是指上一句里的“圣徒”，神将此奥秘启示给他们，是因为神按着自己的旨意乐意这样行。神要叫圣徒知道这奥秘是何等的丰盛。想到神赐给他去传的奥秘是如此丰盛，保罗的心十分兴奋，所以他讲解的时候，将几个字加到一起来形容，“多么荣耀的丰盛”。这丰盛是荣耀的丰盛，“荣耀”一词在圣经中通常是用来形容神同在的光荣，神自己光荣的显现；这奥秘的丰盛就是如此光荣的丰盛。

神要向全人类施恩的计划，在旧约中早有记载，如创世记第十二章第三节，以赛亚书第四十九章第六节，所以神拯救的计划也包括外族人，这事并不意外。但是外族人毋须变成犹太人而可以进入神的恩典，而且犹太人和外族人不再有任何分别，在基督里成为一个身体，这是从前人不能明白的，是历世历代隐藏的奥秘，要等保罗来才启示出来。在旧约的末期，犹太人已经清楚被神弃绝，但他们仍然在等待着神所应许的弥赛亚。如果弥赛亚来了，告诉犹太人说，“现在你们有盼望了，神要拯救你们”，这已经是个极大的喜讯了，但现在不单犹太人有盼望，连非犹太人，全人类都包括在内，在基督里都可以蒙受恩典，这是一个无法形容的大喜讯，难怪保罗讲到他所领受的职分是传讲神在外族人身上的丰盛时，他心里极其兴奋。

“这奥秘就是基督在你们中间成了荣耀的盼望” “这奥秘”在原文只是一个代名词，可以指奥秘，也可以指前面的丰盛。多数解经家都解释作奥秘，但解作丰盛也同样合理。实际上，两个解释在意义上分别不大。“基督在你们中间”，“你们”是指歌罗西人，或所有的外族基督徒；“基督在你们中间”在文法上也可译作“基督在你们里面”。前面保罗已经讲过，基督是教会的头，教会是祂的身体，基督和祂的教会既有生命的联合，因此祂住在他们心里，是一件自然的事，这里就不必再重复了。保罗从神领受的职分是要将福音传给外族人，使外族人与神和好，现在许多外族人已经相信基督，有了基督的生命，但这仍然只是一个开始，将来弥赛亚在荣耀中显现的时候，所有相信的人都要和祂一同享荣耀。犹太人都相信弥赛亚将来要住在祂的百姓中间，但祂要来住在外族人中间，这是他们从来没有想到的。这是福音的荣耀，也是外族人的丰盛，这是神藉着保罗所赐新的启示的中心。耶稣基督第一次到世上来，“道成了肉身，住在我们中间”(约一 14)，将来基督再来时要住在外族人中间，那时外族人和犹太人就不再有分别了。因此这话的重点是基督将来要在外族人中间。当然这不是说基督不住在信徒心里，也不是说基督住在信徒心里这件事不宝贵，但这不是本节圣经的重点。

“成了荣耀的盼望”　今天我们成了基督身体上的肢体，就保证我们将来在祂的荣耀里有份，这是所有信主的外族人的盼望。基督已经作成了完全的救赎，祂的受死、复活、升天，就显明祂能按神的计划完完全全地作成人类的救赎，在生命上与祂联合的人，将来必能得着神为信主的人所预备的完全的福气。保罗称这盼望为“荣耀的盼望”，因为这盼望的实现就是我们得享荣耀的时候，信主的人生命经过改变，在这盼望中有份了，能够享受与主同在的荣耀。

一 28　“我们传扬祂，是用各样的智慧”　我们所传扬的内容是基督自己，而不单单是一些事实，或甚至一个信息，因为基督就是全部福音内容的总结。保罗在哥林多前书第二章的开始，和第十五章的开始，讲到一点他所传的福音；他传的不是一些理论、学问，或思想系统，而是耶稣基督自己。“用各样的智慧”是表示他传福音的方法，要用最有智慧的方法，叫听的人深觉福音的真实而愿意接受。[12] 保罗在不同情况

---

⑫ 有人将“智慧”解释作所传福音的内容，看 E. F. Scott，同前，和 H. M. Carson，同前。但是按一般的用法，“传”字的内容应该用宾格来表达，而这里保罗用的是 ἐν πάσῃ σοφίᾳ，所以解释作方法，instrumental，比较好。

下用不同的方法，[13]目的都是要叫人接受基督。

"劝戒各人，教导各人" "劝戒"一词是新约中常用的字，可能是指普通的教导，如使徒行传第二十章第三十一节，或是一些特别的教导，如以弗所书第六章第四节，或者是对错误的改正、指责等，如提多书第三章第十节。"教导"是指真理上的教导，特别是比较有系统的教导。保罗这里重复地用"各人"，布鲁斯认为是针对当时的异端讲的。[14] 在异端的教训里，只有一些特殊的人才有资格领受较深奥的道理，但圣经的真理是每个人都可以领受，而且应该领受的，所以保罗劝戒教导每一个人。

"为了要使各人在基督里得到完全" 这句话的主要动词和第二十二节的"呈献"是同一个字，"完全"一字在原文是形容词，因此在翻译上比较困难，主要的意思是"为要将各人呈献上"，在呈献时使各人在基督里成为完全人。保罗不愿意将一些不完全的人呈献。第二十二节的呈献如果是指基督再来时的情形，这里的呈献应该有同样的意思，保罗愿意在基督再来时将信徒完全地呈献在祂面前（参帖前二 19f.）。这里的"完全"是一个很重要的字，在新约中用过很多次，作为形容词，用在人身上都是指思想上或灵性生命上的成熟，或者长大成人，[15]而不是指生活上的完全。书信中的用法就将这意义表达出来了，哥林多前书第二章第六节的"成熟"和以弗所书第四章第十三节的"长大成人"，用的都是这个字，[16]所以在这里也应当解释作同样的意思。一个长大成熟的人会有分辨是非的能力，不致被异端引诱而走上错误的道路。保罗努力工作的目的是盼望歌罗西人在基督里成熟，在属灵的知识和生命上长大成人，将来可以把他们完全地呈献在神面前。

一 29 *"我也为了这事劳苦，按着祂用大能在我心中运行的动力，竭力奋斗"* 保罗再形容他努力工作的态度。"劳苦"一字常常是指着用体力工作，直到疲乏的情形；这里显然不是肉体上的疲乏，而是他心灵里的挣扎。虽然是在监牢里，但他对教会的关心使他内心不断挣扎，

---

⑬ 比较林前九 19～23 与加二 11～14.

⑭ F. F. Bruce，同前，p. 219.

⑮ W. F. Arndt and F. W. Gingrich，*Lexicon*，p. 817.

⑯ 此字也用于林前十四 20；腓三 15；来五 14 等多处。

以致身体筋疲力尽。“竭力奋斗”是形容运动员在场上比赛时的字。在运动场上比赛,不单要用尽全力,而且要持久不懈地努力。保罗知道和异端或罪恶争斗,不是一次努力胜过敌人就可以了,必须像比赛一样,要用尽全力,继续不断地奋斗,直到所有属主的人都能完全地被呈献在神面前。

但保罗的奋斗却不是单靠他自己的力量,乃是靠着神用大能加给他的力量。“用大能在我心中运行的动力”一语很难翻译,意思是靠着神用来加给我力量的能力,译作“能力”或“动力”的字是指超然的能力,[17]可能是指善的能力,神的能力,或者恶的、邪灵的能力;这种动力不是人自己可以有的,因为面临的异端是出于灵界的敌人,所以需要灵界的力量去抵挡。保罗就靠着神所加给他的能力去竭力奋斗。

(III) 保罗对教会的关心(二 1～5)

“我愿意你们知道,我为你们和在老底嘉的人,以及所有没有跟我见过面的人,是怎样竭力奋斗,为的是要他们的心得着勉励,在爱中彼此联系,可以得着凭悟性、因确信而来的一切丰盛,也可以充分认识神的奥秘,这奥秘就是基督;一切智慧和知识的宝库都蕴藏在基督里面。我说这些话,免得有人用花言巧语欺骗你们。我虽然不在你们那里,心却与你们同在,我看见你们循规蹈矩,并且对基督有坚定的信心,就欢喜了。”

保罗继续发挥他对教会关心的题目,只是在这段经文,他说得更加具体。前面保罗说他蒙召作整个外族人教会的使徒,“我照着神为你们而赐给我的管家职分,作了教会的仆役”(一 25)。他是神整个教会的仆役;在这里他特别提到与歌罗西、老底嘉等地方教会的特别关系。在短短几节圣经里,保罗表明了他对教会极大的关心(二 1),他在他们身上的期望(二 2),他讲这些教训的原因(二 3～4),和他对他们的信心(二 5)。

---

⑰ Arndt and Gingrich, *Lexicon*, p. 264.

二 1 “我愿意你们知道” 和“我不愿意你们不知道”意思差不多，这是希腊文书信中常用的词句。[18] 保罗每次用这样的话，都表示他要说出一件重要的事。[19] 现在他愿意歌罗西人知道他对他们是多么关心。

“我为你们和在老底嘉的人，以及所有没有跟我见过面的人，是怎样竭力奋斗” 保罗关心所有的教会，包括那些他没有见过面的教会，由此显出他的关心不是个人的喜好问题，而是从神而来的托负。在他没有见过面的教会中，他特别提到歌罗西和老底嘉两处的教会。这里他没有提希拉波立（四 13），很可能是因为这两个地方受异端教训的影响大，而希拉波立距离歌罗西比较远，面临的危险比较小。下面的“所有没有跟我见过面的人”，自然也包括希拉波立。保罗为这些人“竭力奋斗”，和第一章第二十九节用的是同一个字。他的奋斗是内心的奋斗，大概不是单限于为他们迫切地祷告，一定还包括为他们挂心、内心的忧虑等。保罗坐监的时候仍为他们“竭力奋斗”；实际上正因为他不能亲自去看望他们，知道了他们的困难，他便更为他们挂心，多为他们祷告。

从他的祷告可以看见，保罗在歌罗西的基督徒身上有四方面的盼望：一、他们的心得着勉励，二、在爱中彼此联系，三、他们在属灵的悟性上长进，四、可以充分明白神的奥秘。

二 2 “为的是要他们的心得着勉励” “勉励”的意思是说要他们的心得着力量，可以坚固。心里忧伤或面临逼迫的时候，需要安慰，心里犹疑或信心摇动的时候，需要勉励和坚固。歌罗西人面临的危险是被异端影响而离开真道，他们需要的是勉励，使他们在真理上得坚固。[20]

“在爱中彼此联系” 保罗在祷告中求神使歌罗西人的心得着坚

---

⑱ 参 R. Martin，同前，p. 68.

⑲ 参见罗一 13，十一 25；林前十一 3.

⑳ παρακαλέω 这样用可以有两种意义，即安慰或勉励。路十六 25 的“安慰”，和林前十四 31 的“勉励”，可以代表这两种用法。Moulton and Milligan 举出例来，证明在新约时代通用的希腊文中，此字作为 exhort 或 urge 是比较多见的用法，看 J. H. Moulton and G. Milligan, *The Vocabulary of the Greek Testament*, London: Hodder and Stoughton, 1957, p. 484. 因此，在这里译作“勉励”比“安慰”更合适。

固；与信徒有交通是使心灵得坚固最好的方法，所以保罗求神使他们在爱中彼此联系。[21] “爱心是联系全德的”(西三 14)。在异端的引诱面前，如果信徒切实彼此相爱，自然彼此得着勉励，就能站立得稳。

“可以得着凭悟性、因确信而来的一切丰盛” “悟性”代表分辨是非的能力；[22]“确信”是指很有把握或者很肯定。这句话的结构很严谨，比较难翻译。按原文的意思，“确信”是建立在这“悟性”的根基上，也可说是“悟性”的结果，[23]而“丰盛”又是“确信”的结果。保罗的盼望是要他们能分辨对错，因此能有把握站立得稳，因而享受到灵里一切的丰盛。异端的教训和人的思想都叫人有一种飘摇不定的观念，只有被圣灵感动而辨别出来的正确真理，才能叫人有坚定的信念，知道所信的是真的。

“也可以充分认识神的奥秘，这奥秘就是基督” 这句话有多个不同的读法，版本的见证很不一样。[24] 整体来说，这里所选用的读法，应该是见证最强的。保罗为前面那些事祈求，目的是要歌罗西人更深地认识神的奥秘，而领受这样奥秘的资格是根据他们的心灵得坚固，以及爱心和悟性的领受。“充分认识”与前面第一章第九节的“充分明白”是同一个字，这种知识是从经验中领受来的。“这奥秘就是基督”，这句话可以有不同的翻译法；可以译作“神就是基督”或“神的基督”，或者像这里的译法“这奥秘就是基督”。在文法上，三种译法都可行，[25]但在前面第一章第二十七节保罗说，“这奥秘就是基督在你们里面”，所以这里解

㉑ E. F. Scott, F. W. Beare 及 Arndt and Gingrich 等都主张将此处的动词 συμβιβάζω 解释作“教导”，如此全句的意思是“在爱中彼此教导”或“在爱中得着教导”。此字在 *LXX* 中的确常用作“教导”的意思，但在本书第二章第十九节的用法很清楚是“联系”的意思，而在本节圣经中“联系”的意思也比较合乎上下文的语气，所以按着多数解经者的意见，在这里译作“联系”。

㉒ 参前面西一 9 经文的解释，pp. 32 - 33.

㉓ J. H. Moulton, *Grammar of N. T. Greek*, ed. by N. Turner, Edinburgh: T. & T. Clark, Vol. 3, 1963, p. 211.

㉔ 参见 J. B. Lightfoot，同前，pp. 252f. 的分析。

㉕ 原文是：εἰς ἐπίγνωσιν τοῦ μυστηρίου τοῦ θεοῦ, Χριστοῦ. “Χριστοῦ”可解释作与“神”同位，作“神就是基督”；或者附属于“神”，为属格，作“神的基督”；或者与“奥秘”同位，作“这奥秘就是基督”。

释作“这奥秘就是基督”最为合理。基督就是神的奥秘,因为神的救赎计划都在基督身上显明了。

二3 “一切智慧和知识的宝库都蕴藏在基督里” 这句话的主要动词是“存在”,“隐藏”是形容词;直译应该译作“一切的宝库都存在基督里面是隐藏的”,译作“都蕴藏在基督里”比较简洁,但文法的构造却难以表达清楚。“隐藏”一字是在句末,是全句重点的所在。一切的宝库都在基督里,但却像隐藏的珍宝一样,不是不可知,而是要用功夫去发掘。

保罗将要开始讲到异端的错误,在本节先作一个预备。异端的教训说,他们能给人一种特别的智慧,是普通人不能领会的;保罗说,一切的智慧,甚至最深奥的智慧,都隐藏在基督里面。智慧和知识两词在原文只有一个冠词。按普通的用法,知识是领受的真理,智慧则指领会属灵真理的意义的能力;但这里两个字用一个冠词,就表示两词代表一件事;真正的知识和真的智慧是分不开的,两者都隐藏在基督里面,都是靠着圣灵的感动才能得到的,而且存在基督里面的,不是一部分的智慧和知识,其他部分还要靠人的方法去补足。“一切”智慧和知识的宝库都蕴藏在基督里面,只有在祂里面,才能得着真正的智慧和知识。下一节就清楚显明了保罗说这话的目的。

二4 “我说这些话,免得有人用花言巧语欺骗你们” 保罗现在第一次正面提到这些传异端的人,免得“有人”用花言巧语欺骗你们,“有人”一词是单数,很可能保罗心目中有一个特别的人,也许是这些异端中的领导人,在进行欺骗的工作,保罗警告教会要防备他。“欺骗”一词在新约中只在雅各书第一章第二十二节用过,那里雅各劝我们说不要只作听道的人,自己欺骗自己。这样的受欺骗当然不是明知受骗还去上当,而是在不知不觉中受骗,甚至自己以为很对。这是因为没有认清楚在基督里面的智慧和知识,所以受骗。因此保罗说,不要让人用“花言巧语”欺骗你们。异端的教训往往十分动听,用智慧或知识作号召,用人的理论混乱了圣经的真理,使那些不防备或者没有根基的人无从分辨。保罗说,“我说的话,讲的道,都不是用智慧的话去说服人,而是用圣灵和能力来证明”(林前二4)。花言巧语有时能说服人,但却不能用神的能力和真理来证明,我们要防备这样的理论。

二 5 “我虽然不在你们那里,心却与你们同在”　这里的“心”原文作“灵”,与帖撒罗尼迦前书第二章第十七节用的字不同。这句话说明什么是真正的灵里的交通,也显出保罗对歌罗西信徒的关心。哥林多前书第五章第三节用过同样的话,两处同样表现出保罗的关心。

“我看见你们循规蹈矩,并且对基督有坚定的信心,就欢喜了”　“循规蹈矩”也可译作“秩序”,路加福音第一章第八节的“班次”,哥林多前书第十四章第四十节的“次序”,都是这个字。在圣经以外的著作里面,这字常用在军队的纪律上。这里的意思显然是说教会的信仰和行事有一定的“次序”或“标准”,歌罗西人就这样按着规矩行。不单如此,他们还对基督有坚固的信心,这信是以基督为中心的,而且是坚固不动摇的。从这样的经文我们可以推想,歌罗西教会正面临异端的试探,但他们没有走上异端的错误,最多只有小部分人受了异端的影响。因此保罗写信的时候非常小心,一方面他信中充满了安慰和鼓励的话,另一方面他没有为一小部分人的错误而责备全教会。

“就欢喜了”与“看见”都是分词,形容前一句话的主词。全句的重点是在“我心与你们同在”,意思是“我心与你们同在,欢喜地看见你们循规蹈矩,并且对基督有坚定的信心”。

(Ⅳ) 保罗对信徒的勉励(二 6～7)

“你们怎样接受了基督耶稣为主,就当照样在祂里面行事为人,照着你们所学到的,在祂里面扎根、建造,信心坚定,满有感谢的心。”

在灵里有了真正经验的人,自然能分辨属灵的真理和人的理论,保罗跟着就要解释这些异端教训的错误。他称这些教训为“哲学和骗人的空谈”,能够抵挡这些错误教训的唯一方法,是在他们灵里的经验和所学到的真理上站稳。所以在提到错误的教训以前,他先提醒他们,基督徒和基督耶稣有怎样的关系,以及他们成为基督徒的原因:他们已经接受了基督耶稣为主,也学了基本的属灵真理。

二 6 “你们怎样接受了基督耶稣为主,就当照样在祂里面行事为人”　保罗给他们的勉励,是用他们灵里的经验为根据:你们怎样“接受了基督耶稣为主”，就应当照样在祂里面生活。[26]“接受”常是指在过去接受一件具体事实的经验；[27]歌罗西人过去就曾这样领受了，不过他们领受的不是一件客观的事，或是一个教训，乃是一位基督耶稣。基督耶稣不是人的哲学，也不是人的理论。接受基督耶稣的行为不是头脑的运用，而是信心的领受；并且他们接受了基督耶稣为主，显出他们对主顺服的心。保罗说，“你们怎样接受了基督耶稣为主，就当照样在祂里面行事为人”。“行事为人”是用希腊文“行走”一字套上一个旧约的思想，来表达一个人整个道德及灵性方面的生活。基督徒因着信心和顺服“接受了基督耶稣为主”，也要照样靠着相信和顺服的心来生活。灵知主义和同类的异端教导人要靠深奥的知识、刻苦的生活，或遵守某些规则来达到灵性的目的；保罗说不是如此，基督徒的生活是靠着信心和顺服，因为我们的生活是“在祂里面”，与祂有灵性生命的联合，活在祂里面，才能有应有的生活表现。

二7 “照着你们所学到的” 保罗再一次向他们保证以巴弗所传给他们的真理，而这样就坚固了以巴弗的工作。保罗对同工的尊重是个好榜样。歌罗西人起初已经领受了真理，现在就不要被动听的学说引诱，而转去别的方向。

“在祂里面扎根、建造，信心坚定，满有感谢的心” 这里一连有三个分词“扎根”、“建造”和“坚定”，都是形容前面的“行事为人”。“扎根”是完成式分词，表示这是一件已经成就的事，但其果效现在仍然存在。像一棵树一样，扎了根就表示有了生命，这样才能行事为人有正确的方向；“建造”是现在分词，如同房屋一样，要继续不断地建造增长，直到完成。基督徒的生命在基督里有了根基，就要继续不断在上面建造（参林前三10ff.）。“信心坚定”可以有两种译法：“靠着信心得坚定”，或“在信心上坚定”。“坚定”也是现在分词，表示信徒需要继续不断地得坚

㉖ ὡς的确有时有“既然”的意思，但这里仍然应该是比较的用法。J. B. Lightfoot，同前，p. 176，甚至认为下半句“在祂里面行事为人”有一个οὕτως已经省去了，没有写出来，但其意义却明显地存在。特别在这句话中，很多作者都提到ὡς παρελάβετε与καθώς ἐδιδάχθητε（二7）的关系及καθώς ἐμάθετε（一7）的用法相比较，ὡς的比较的用法不能忽略，“你们怎样接受了……也应当怎样行”。

㉗ 林前十一23及十五1的“领受”，是指一个具体的经验，和这里的“接受”是同一个字。

定。若按第一种译法,“靠着信心得坚定”,信心便是得坚定的方法或工具;[28]按第二种译法,“在信心上坚定”,则“信心”是相信的根基或内容,可以译作“信仰”。[29] 按本段的重点,保罗在鼓励歌罗西的基督徒,要按着所学的真理站立得稳,不要被异端的教训欺骗;因此,第二种译法比较恰当。保罗勉励歌罗西的信徒要在所信的真道上站立得稳,且“满有感谢的心”。扎根、建造,在生命上长进,在信心上坚定,这些也可能成为试探,使人觉得自己已经得胜,满有成就,所以要存感谢的心。有感谢的心,就不会想到自己而感到骄傲,反倒多想到神,想到这一切的好处都是神所赐的。明白自己经验神的恩典愈多,愈会谦卑;感谢神就是承认这些好处不是我自己的,乃是神所赐的。

㉘ 如同 J. B. Lightfoot,同前,p. 177 的看法。

㉙ 如同 H. M. Carson,同前,p. 60;及 E. Lohse,同前,p. 94 等的看法。

肆 错误的教训和真理的比较（二 8～23）

这段经文可以说是全本歌罗西书真理辩证的中心，在这里保罗正式讨论歌罗西的异端和纠正的方法。今天所能知道关于这异端的立场、教训等，也只能从这段圣经归纳而来。在第八节，保罗先笼统地提到此异端的性质，警告信徒不可和他们有任何来往；在第九节再强调基督耶稣的尊贵；第十至十五节论及福音的真义及福音在相信的人身上的功效；第十六至十九节保罗解释接受此异端的后果；最后，第二十至二十三节是此异端的错误教训。

保罗在这段经文中讲到不少有关这异端的性质和具体的规条，但整体来说，我们从歌罗西书所能知道关于这些异端的教训，仍然只是片断的资料。当时歌罗西人明白这些异端的教训，因此保罗写信的时候，有很多事不必详细地写；我们今天读这封书信时，因为不知道当时的情形，所以有一部分结论还是要靠推测。但此异端的大概轮廓和基本立场已经可以清楚地看出来。

（Ⅰ）哲学与真理（二 8～9）

“你们要谨慎，免得有人不照着基督，而照着人的传统和世俗的言论，藉着哲学和骗人的空谈，把你们掳去。因为神本性的一切丰盛，都有形有体地住在基督里面。”

二 8 “你们要谨慎” 保罗给他们的吩咐是现在时态，表示继续进行的动作，意思是说，你们要经常不断地警醒防备，否则便容易落在敌人的圈套里。

“免得有人不照着基督，而照着人的传统和世俗的言论” “免得有人"一语在字句上和第四节的构造不同,这里的字句是"不要让任何人",但两处的基本意思却一样,重点在"有人"两个字,保罗心目中想到某一个人,不过可能不便指名罢了。保罗在本书中所反驳的异端不是他凭空捏造或道听途说的;既然有具体的根据,歌罗西人就要加倍小心。"不照着基督,而照着人的传统和世俗的言论",这几句话应当解释作形容词,用来解释"哲学和骗人的空谈"的性质,[①]而不是形容"掳去"的方式。这些异端的教训,不是照着神在基督里所启示的真理,而是照着人的传统和世俗的言论。"传统"通常是口头传来,或是间接得来的资料,是不能用具体的方法来证实的。"人的传统"可能是指着一些异端持守的规则,有些古代宗教所遵守的传统极其隐密,也有些是普通情形下人都知道的。无论如何这些传统如果没有真理的根基,都是不可靠的。耶稣曾责备法利赛人说,他们"拘守着人的传统,却离弃了神的诫命"(可七 8),今天人有时也犯同样的错误。

"世俗的言论"一语的意义不大容易确定,译作"言论"一字的基本意义是"列成一行",如同西方文字的字母按次序排列成一行,渐渐演变成了"一种初步的知识"。小孩子学习是从字母学起,所以这个字就代表了初步的知识,或初级的知识。后来希腊哲学开始用这字来代表物质世界最基本的原素,水、火、空气、土等。在一些宗教思想中,有人认为天上的星是最基本的物质原素,再后来从星演变成为管理星的力量,如天使或星所代表的灵或神。因此,我们可以说在原来的文字中,"言论"一词有三个可能的解释:一、最基本的物质原素,如水、土、风、火等;二、最初步的知识;三、灵界的被造之物,如天使,或别的灵。在这三个解释当中,第一个的意义与上下文的关系不符合。虽然有人曾这样解释,保罗在这里批评这些异端说,他们自以为所讲的是更深奥的知识,其实只不过是一种最普通的物质主义;但这样的解释过于牵强,不大适合。第三种解释有很多人支持,将"言论"解释作"天使"或"掌管天体的

---

① κατά + acc. 译作"according to"或"with reference to",可作形容词或作副词,这里解作形容词比较好。

灵”,[②]他们最有力的一个理由是说这句话与前面的一句,“不照着基督”,是相对的,基督是有位格的神,这一句所说的也应该是有位格的灵或天使。这个理由乍看起来似乎很有力量,但若仔细分析一下这句话的构造,保罗用来对比的两句话,一方面是“不照着基督”,另一方面是“照着人的传统和世俗的言论”;所以严格说来,“言论”应该和“传统”平行,两者都没有位格,而这样的相对更有力量。基督是神,言论和传统只是出于人的东西,你们不要离弃从基督而来的真理,被人的这些理论所欺骗。因此,上面所提到的第二种解释最为合理:[③]这些异端师傅所夸耀的知识,并不是很深奥,只不过是初步的知识。这字在加拉太书第四章第三节也用过,“我们也是这样,作孩童的时候,被世俗的言论所奴役”,但那里的用法很明显与这里的用法不同;加拉太书第四章第三节不一定是指有位格的灵,孩童一字是象征的用法,“言论的奴役”也不一定要直接按字面的意思来解释。而且在希伯来书第五章第十二节,这字的用法显然是指初步的知识。同样这里解释作初步的知识,也是最合适的,并不是说当时歌罗西的异端不可能有敬拜天使的教训(18 节就提到敬拜天使的事),不过在本节圣经中“言论”一字的用法,大概不是指天使,而是指初阶的知识。这种言论是“世俗的”,意思是属于这个世界的,而不是超然的;遵守节期、月朔等规条是属于这个世界的初级的教训。

“藉着哲学和骗人的空谈,把你们掳去” “哲学”和“骗人的空谈”两个名词是连在一起的,只有一个冠词,表示是一件事,“骗人的空谈”是形容哲学的,意思是骗人的空谈的那种哲学。这种哲学是空的,因为其中没有真理;它是骗人的,因为它可能很动听,似乎很合理,给人一种虚假的盼望。“哲学”一词按字根的意思是爱好智慧,或是“爱好真理”,这种意义与圣经的教训并不冲突;但是在人类思想发展的过程中,哲学渐渐地演变成一种以人的理智为中心的思想方式,也就是今天常见的

---

② 如 G. H. P. Thompson,同前,p. 143; E. Lohse,同前,p. 99; R. Martin,同前,pp. 13ff.,皆如此解释。

③ J. B. Lightfoot,同前,p. 180; C. F. D. Moule,同前,p. 91; T. K. Abbott,同前,p. 247,皆如此解释。

人文主义或人本主义,这种思想是违反福音真理的。福音是从神的启示来的,以神为中心;人文主义的哲学是从人的思想来的,以人的理智为中心。因此基督徒思想或者解释福音真理的时候,不是用人文主义的态度,用自己的理智来衡量福音,乃是按基督徒的立场用信心去接受福音,去明白神的启示。这并不是说在思想福音时,我们不应使用理智,盲目地接受,乃是说我们不应用人自己的思想和经验来衡量神的启示。人是有限的,他的思想和理智也是有限的,而且他的思想能力和思想方式都受罪的影响,所以他的判断不一定正确,因此他要存着愿意接受神启示的权威的心,才能明白神的旨意。保罗解释说这种"骗人的空谈的哲学"是不照着基督,只照着人的传统,和世俗的言论,所以这种哲学是错误的。

"把你们掳去" 好像战争中得胜的国一样,把敌人掳去作俘虏。基督徒蒙了拯救,是已经脱离"黑暗的权势",被迁入"爱子的国里";脱离了捆绑,进入了自由。如今他们要是接受这些骗人的空谈,就等于再次被掳去,进入黑暗的捆绑之中;而且这种掳掠的方法是藉着欺骗,所以歌罗西人应该格外谨慎。

二 9 "因为神本性的一切丰盛,都有形有体地住在基督里面" 在新约中有两个差不多的字,一个用在罗马书第一章第二十节,译作"神性",另一个用在这里,译作"神的本性";这两个字虽然很相似,但基本的意义却有很重要的分别。[④] 罗马书的"神性"是指神的荣耀、权能等本性,神的这些性情可以藉着被造之物彰显出来;保罗说,"神永恒的大能和神性,都是看得见的,就是从祂所造的万物中可以领悟"(罗一 20)。此处的"神的本性"是神所以是神的基本性格,有人将它译为"神格"。[⑤] 神的本性住在基督里面,使基督在本性上与神完全一样;虽然外表上没有荣耀和权能的彰显,基督仍然有完全的神性。"丰盛"一语的用法和前面第一章第十九节的用法一样,[⑥]神的本性完完全全地住

---

④ 罗一 20 用的是θειότης,来自θεῖον"神圣";西二 9 用的是θεότης,来自θεός"神",参见 R. C. Tranch,同前,pp. 7ff.

⑤ 《圣经》(吕振中译本),1970 年版。

⑥ 参见前面西一 19 的解释,pp. 49 - 50.

在基督里面，而且是“有形有体”地住在祂里面。神本性的丰盛是神永存的本性，现在有形有体地住在基督里面，是表明道成肉身的基督完完全全地就是神。这里的“有形有体”和约翰福音第一章第十四节的“道成肉身”是表达同一个意思；单单将这字解释作“完全的”或“实在的”，都不能表达保罗的意思。

信徒的行为和信仰应该“照着基督”，就是那位道成肉身的基督，而不要照着人的言论。

(II) 在基督里作新人(二 10～15)

“你们也是在祂里面得了丰盛，祂是一切执政掌权者的元首；你们也在祂里面受了不是由人手所行的割礼，而是受了基督的割礼，就是除掉肉身。你们在洗礼中已经与祂一同埋葬，也在洗礼中，因信那使基督从死人中复活的神所运行的动力，与祂一同复活了。你们因着过犯和肉体未受割礼，原是死的，然而神赦免了我们的一切过犯，使你们与基督一同活过来，涂抹了那写在规条上反对我们、与我们为敌的字据，并且把这字据从我们中间拿去，钉在十字架上。祂既然靠着十字架胜过了一切执掌政权的，废除了他们的权势，就在凯旋的行列中，把他们公开示众。”

在讲到异端的错误教训以前，保罗先叫歌罗西人看见他们在基督里的丰富。神本性的丰盛完全在基督里，因此信徒在基督里也可以享受神的丰盛(二 10)。接着保罗就解释在基督里的丰盛的意义和表现。第十一至十五节论到三件事：真正的割礼的意义(二 11～12)，复活的生命(二 13)，在基督里夸胜(二 14～15)。这是一段非常实际的经文。

二 10　“你们也是在祂里面得了丰盛，祂是一切执政掌权者的元首”　这句话的重点在“你们也是在祂里面”。⑦“丰盛”的意义是从第九节得来的。这里的经文翻译得很正确，但很难将文字的构造表达出

---

⑦ ἐστὲ ἐν αὐτῷ后面的分词πεπληρωμένοι是作形容词用，“得到了完全”是一个已成就的事实。

来。在基督里面的人是在灵里与祂完全联合的人;既然神本性的丰盛完全在基督里面,与基督在灵里联合的人自然也能得着神的丰盛。异端的教训要人藉着遵守规条、苦待己身等方法来追求得着完全,保罗说基督徒不应当如此,因为与基督联合的人已经得着了神在基督里的丰盛,不必再倚靠任何其他的方法。"得到了完全"一字虽然与"丰盛"是出于同一字根,其含意是指得到"完全"的丰盛,人因着在基督里得到的改变"得到了完全",也自然包括了人得救时灵性情况的改变。一个没有得救的人整个生活都是不完全的,不论在灵性、道德或智力方面,他都是不完全的。在灵性方面,他是死在罪恶过犯之中的;在道德方面,他不遵行神的旨意;在智力方面,他不能领悟属灵的真理。而一旦他相信了基督,生命与基督联合,是在基督里面了,他灵里的情况自然有所改变;他在基督里面得到了完全,也自然能够得着神本性在基督里面一切的丰盛。

"祂是一切执政掌权者的元首" 前面第一章第十八节讲到基督是教会的头,[⑧]这里保罗更进一步说,祂是一切执政掌权者的头。在异端的教训中,这些执政掌权者,[⑨]在人和神中间占着重要的地位,有极大的势力;但保罗说基督才真正是头,祂是一切的中心,祂有权掌管一切。保罗的意思不是说真有这些执政掌权者的存在;他只是说,即使有,他们也都在基督的权下,因为祂是这一切的元首。

二 11 *"你们也在祂里面受了不是由人手所行的割礼,而是受了基督的割礼,就是除掉肉身"* 这里好像很突然地提到割礼的问题。在第十节保罗提到执政掌权的,第十五节再提到执政掌权的,可见他并没有改换题目,更显出割礼的题目出现得很突然。提及割礼的一个原因,可能是歌罗西的异端有强调割礼的倾向。他们的看法也许不像加拉太的犹太师傅那样,说割礼是得救的必须条件,否则保罗会在下面指出这方面的错误;但他们可能认为受割礼比不受割礼更圣洁、更属灵,所以保罗解释说,真正的割礼不是肉身的割礼,在基督里面的人受的"不是

---

⑧ 参见前面西一 18 的解释,p. 46.

⑨ 参见前面西一 16 的解释,p. 44.

由人手所行的割礼”。旧约早已论及属灵的割礼,[10]保罗在罗马书(二28)、腓立比书(三3)也曾提到属灵的割礼和内心的割礼。肉身的割礼只不过是记号,代表新约时代一个更重要的属灵真理。

下面两句话都是解释“不是由人手所行的割礼”的意义。这割礼就是“基督的割礼”。基督的割礼不是指基督出生时第八天所受的割礼,而是“除掉肉身”的割礼,指基督的受死;下面的“你们在洗礼中已经与祂一同埋葬”,就将基督受死的意义更清楚地表明出来。信徒藉着洗礼表明和基督一同受死,这就是那“不是由人手所行的割礼”。基督徒受的割礼不是除掉身体的一部分,而是除掉整个肉身;正如基督的割礼是祂在十字架上受死,舍去生命,我们要受的割礼也是一样,除掉老我和旧人的生命,内心得到洁净,这才是真正的割礼。

“除掉肉身”一语在版本的读法和解释上都有些困难。和合本这里译作“脱去肉体情欲”,但在最可靠的版本里,这句没有“罪”或“欲望”一类的字,所以应简单译作“除掉肉身”。按文法的构造,这句话和“基督的割礼”可能是指同一件事。[11] 基督的割礼就是除掉肉身,除掉肉身是指基督的受死,因此基督的割礼就是祂在十字架上受死除掉了祂的肉身。[12] 在第一章第二十二节,“爱子的肉身”原文是“祂的肉身”,所以这里的肉身也解释作基督的肉身,与保罗的用法很符合。但是另一方面,在保罗的思想中,“肉体”常常是人罪恶的根源或罪恶的工具。[13] 这样,“除掉肉身”用在基督身上,就是说祂的肉身是人的罪归在祂身上的一个代表,祂受死,就使人的罪可以除掉。同时,基督徒是在基督里面,与基督联合,在基督的死上,我们也除掉了我们的肉身,脱离了在我们身上罪恶的势力。“受了……割礼”是过去被动式,表示这是一件已经成就的事。但这并不是说我们的肉体已经不存在,因为下面保罗勉励说“要治死你们在地上的肢体”(西三5);这里保罗所说的是一个属灵的原则,基督徒应该认清楚,他的“肉体”已经被治死了,现在他里面有一

---

⑩ 参耶四4;结四十四7.

⑪ 两句话都是用ἐν + 与格从句,是平行的句子,后一句解释前一句。

⑫ 参 F. F. Bruce,同前,p. 235; C. A. Anderson-Scott,同前,p. 36,都这样解释。

⑬ 参 Arndt & Gingrich,同前,p. 751.

个新的生命,这生命能给他力量过新的生活,他就应当按着新生命的力量来生活。但是在生活中,"肉体"仍然有时会出现,所以我们要时常治死在地上的肢体。

二 12　"你们在洗礼中已经与祂一同埋葬"　割礼是从旧约时代借用过来的一个记号,基督徒从割礼的记号可以学到一个功课,得到一个属灵的原则。现在保罗用洗礼来解释同一个真理:洗礼也是一个记号,用来表明一个属灵的真理。基督徒藉着洗礼所代表的意义,得着神本性在基督里的丰盛。罗马书第六章第三至四节的教训,可以作为歌罗西书第二章第十二节的一个解释。接受洗礼的人浸在水里,完全看不见了,如同死人埋葬了一样,很自然代表基督徒的旧人死去了,又埋葬了,应该是完全除掉,不再存在了。一个真正与基督联合的人,他的老我和一切的邪情私欲(加五 24),都已经死去,应该除掉了。"你们在洗礼中已经与祂一同埋葬"。

"也在洗礼中,因信那使基督从死人中复活的神所运行的动力,与祂一同复活了"　在接受洗礼的时候,浸入水中表明和基督一同埋葬,从水中起来,表明从死里复活,所以洗礼是表明神使基督从死人中复活的大能。[14] 使基督从死里复活是神能力的运行,歌罗西人已经接受了基督从死里复活的事实,这就是神大能运行的表现;他们倚靠这大能,因着与基督联合,也能经验同样的好处,享受神本性在基督里的丰盛。

洗礼表明和基督一同埋葬,又一同复活,但是功效不在洗礼的行为上;要叫洗礼能有属灵的功效,受洗的人必须先有信心:"因信"。基督徒的一切灵性经验都是因着信心,凭着信心除掉肉身,把老我看作死的,不是凭着感觉或经验;也是凭着信心进入新的生命。洗礼只是一个记号和见证,真正有功效的是神使基督复活的能力、基督受死的功劳,

---

⑭ "也在洗礼中"一语原文是ἐν ᾧ,可以译作"in whom","在祂里面",与第十一节开始的"在祂里面"平行,是指着基督说的。*New International Version* 和 *Living Bible* 都是这样翻译。它也可以译作"in which",是指着前面的洗礼说的,*R. S. V.*,*N. A. S. B.*,和 *N. E. B.* 都是这样翻译。两种构造,在文法上都没有困难,但在意义上来看,保罗说我们藉着洗礼表明和祂一同埋葬,又藉着洗礼表明和祂一同复活,"埋葬"和"复活"两字前面都有"一同"的意思,所以将这两个字看为平行比较好;因此,新译本及和合本都以ᾧ来代表洗礼,"也在洗礼中,与祂一同复活了"。

和圣灵的工作在人的生命里发生作用。因着信心，这一切功效就能在人生命里成就。基督徒因着信心过得胜的生活，就是因着信心，把和基督同死、同埋葬、同复活的真理活出来。

二 13　“你们因着过犯和肉体未受割礼，原是死的，然而神赦免了我们的一切过犯，使你们与基督一同活过来”　乍看起来，这节圣经好像只是重复前面已经讲过的教训，但实际上这里的重点不一样。句首的“你们”是特别加重语气的，前面讲的是一个普遍的真理，这里保罗将此真理应用在歌罗西的基督徒身上：你们歌罗西人和基督一同复活了；特别是你们，歌罗西人，本来是外族人，现在和基督一同复活了。“因着过犯和肉体未受割礼”是指出他们成为“死的”的原因，但这句话也可以译作“在过犯和肉体未受割礼中，原是死的”，是描写他们死亡的情况，正如以弗所书第二章第一节的构造；两种解释都有可能。过犯是指具体的罪行，不论是有意或无意地违犯了神启示出来的旨意。肉体未受割礼是指他们作为外族人本来的情况，犹太人受了割礼，表明他们是与神立约的百姓，未受割礼的人在神的约和神的应许上都无份。前面刚讲过基督的割礼是代表基督为罪受死，除掉肉身；歌罗西人未受割礼，也就代表他们没有除掉肉身，没有向罪死亡。所以“过犯和肉体未受割礼”，就表明了歌罗西人死的情况或死的原因：按他们自己所犯的罪，和他们罪恶的根性，他们在灵性生命上都是死的，没有盼望。

“然而神赦免了我们的一切过犯，使你们与基督一同活过来”　歌罗西的基督徒的需要有两方面，一方面他们有了过犯，一方面他们“原是死的”。过犯是违反神启示的行为，好像是欠了神的债，[15]却又没有力量偿还，只有神的赦免才能除掉。“赦免”一字和“恩典”是出于同一字根，赦免是神的恩典（参路七 40～43）。罪人原是死在罪恶过犯之中，现在他们的过犯得赦免了，神使他们与基督一同活过来。“一同”表明了信徒与基督的关系，因为他们是与基督联合成为一体，所以神使基督复活的时候，与祂联合的人也和祂一同活过来了。

在这两句话中，保罗将代名词“我们”改成了“你们”，“神赦免了我

---

⑮ 参太六 12；路十一 4.

们”,“使你们与基督一同活过来”。他这段教训的主要对象是“你们”,歌罗西人,但是提到罪得赦免的时候,他常常将自己也包括在内,他也是蒙恩得赦免的罪人,以神赦免的恩典为荣。

二 14 “涂抹了那写在规条上反对我们、与我们为敌的字据” “涂抹”和前面的“赦免”都是不定过去分词,两字所代表的行为是同时发生的。“涂抹”解释神如何“赦免”。“涂抹”一词在新约中用过很多次,都是表示被涂抹的东西就不复存在了,例如“罪得着涂抹”(徒三 19),“涂抹他的名”(启三 5),“抹去他们一切的眼泪”(启七 17)。在圣经以外,这字的意思是将蒲草纸上的字“洗掉”,纸可以重新再用,[16]或将账上的一笔款项“除掉”。[17] 这里要涂抹的是写在规条上的字据。

“写在规条上”[18] “规条”一语在新约中常译作条例、旨意等,通常是指着神的律法说的。这里保罗不用“律法”,而用此复数的字“规条”,是要表明神启示出来的一条条具体的旨意。我们若违犯了这些规条,这些规条就成了一些具体反对我们、与我们为敌的字据,要成为具体的证据定我们的罪。

“与我们为敌的字据” “字据”一字在新约中只用过这一次,但是在当时的法律上却是一个常见的字;通常是指一个合同、借据、定单等,由当事人签了字,就要负责履行其中的条件。[19] 神的启示,特别是神的律法,就如同一个这样的字据。我们若不遵行律法内所列的规条,就如同在合约上签了字,却没有履行其中的条件,这样我们就要对合约中所列的规条负责任。当然这里保罗用的是一个比方,所以在解释的时候要很小心。我们外族人并没有亲笔来立这张字据,但比方中所表示的责任问题却非常恰当。外族人都有责任来遵行字据中所列的条件,因为虽然没有摩西的律法,但我们仍然能行律法上的事,因为有律法的作用刻在我们心里(罗二 14～15)。这样就证明了我们和别的人一样有

---

⑯ J. H. Moulton and G. Milligan,同前,p. 221.

⑰ J. B. Lightfoot,同前,p. 187.

⑱ 原文只是一个字τοῖς δόγμασιν,本是与格,我们的译文加上“写在”,使“规条”成为与格位置格,应该能将保罗的意思表明出来了。

⑲ 参 J. H. Moulton & G. Milligan,同前,p. 687.

遵守律法规条的责任。现在我们没有遵守其中的规条，这张“字据”就成为证据要定我们的罪。

这“与我们为敌”的字据有两方面的作用：反对我们和与我们为敌。前者道出这字据的权限，它在我们身上有权柄要我们来遵守，我们若不遵守，它就有权柄定我们的罪。后者道出此“字据”的基本性质，它本身就是与我们为敌的，因为我们在过犯中本是死的。

“并且把这字据从我们中间拿去，钉在十字架上” “拿去”的意思是把一个障碍物挪开。[20] 这张字据拦阻着我们，使神不能赦免我们，现在神要把它挪开。“钉”字是分词，形容神如何将这字据拿去，就是藉着钉十字架的方法，神将这字据挪开了。“拿去”和“钉”两字都是过去时态，表示这两件事都是在过去一次就已经完成的动作。基督在十字架受死的时候，不单担当了我们的刑罚，而且除去了神可以定我们为有罪的理由。

在这节圣经中，保罗说明神在基督里赦免我们的过犯时所作的两件事：一方面神涂抹了在字据上所写的那些定我们有罪的记录，好像把我们的罪债都一笔勾销了；另一方面又将字据本身除掉了，基督钉十字架时，好像把全部律法也钉在十字架上。神在基督里除掉了一切定我们为有罪的理由，这一点我们当然明白，但是我们能否说基督在十字架上受死，就将律法也钉死了？圣经从没有说过在新约时代律法已经死了。律法永远也不会死，耶稣说，祂来不是要废掉律法，乃是要完成（太五 17）；但是因着基督的十字架，对那些在基督里的人，律法已经失掉定罪的能力。保罗并不是说律法死了，或者被废掉了，而是说对那些在基督里的人，律法已不能再成为他们蒙神赦免的拦阻，也不能再定他们为有罪（罗七 4～6）。因此在这里将字据解释作律法没有困难；而且也不必将“律法”解释作犹太人礼节仪式方面的律法，或是良心的律法等。

---

⑳ E. Lohse，同前，p. 110，将 ἦρκεν ἐκ τοῦ μέσου 译作“挪开”或“除掉”，然后解释说“被挪开的就完全无效了”，有关这句话特别参见注 121、122。但 T. K. Abbott 清楚地证明ἐν μέσῳ εἶναι的意思是“挡路”、“拦阻”；ἐκ τοῦ μέσου 是从挡路的地方“挪开”（同前，p. 256）。如此被挪开的东西只是不再成为该处的拦阻，而不是该物件本身被丢掉、毁坏，或变成无效。

因着我们的过犯，整个律法都是与我们为敌的；现在在基督里，整个律法都从为敌的地位挪开了。

我们都违背了神的旨意，按着律法都要被定罪，现在神在基督里赦免了我们的罪，并且将记录洗净了，将一切定我们为有罪的证据都除掉了。我们在神面前好像没有犯过罪一样，因此敌人撒但不能再用我们过去的罪过和刑罚来要胁或恐吓我们。这是神极大的恩典。

二 15 “祂既然靠着十字架胜过了一切执政掌权的，废除了他们的权势，就在凯旋的行列中，把他们公开示众” 前面第十三至十四节的主词都是神，神赦免了我们的过犯，涂抹了反对我们的字据等，到第十五节开始的“祂”是指哪一个说的呢？有些解经的人认为从第十四节中间的“把这字据从我们中间拿去”开始，基督成了主词。[21] 另外一些人认为在这整段圣经，直到第十五节末，神都是主词。[22] 其实两种解释的分别并不很重要，因为整段经文的中心思想都是神在基督里夸胜。

“靠着十字架”一语原文是“靠着祂”，或“靠着它”，或“在祂里面”。[23] 如果全句的主词是基督，此句译作“靠着十字架”很合理，若主词是神，则“靠着祂”似乎较好。迈尔认为神是全句的主词，但仍将此句解释作藉着十字架，[24]神的整个救赎都是因着十字架成就的。神的赦免和除掉与我们为敌的字据都是因着十字架，自然也是靠着十字架胜过一切执政掌权的。基督的十字架是胜利的关键，也是这些异端理论的答案。有了十字架的真理，还到别的理论中去寻求答案，是一件很愚拙的事。

“胜过……在凯旋的行列中” 这是罗马时代战争中常用的字。得胜的将军要在城里游行，表示他的胜利，接受群众的欢迎，并将俘掳来的敌人和掠得的战利品放在队伍的后面，藉此炫耀他的胜利。现在基督在十字架上已经得胜，祂掳获的战利品是那些“执政掌权的”。“把他们公开示众”，“示众”有作为警告的意思，将敌人作为俘虏示众，向世界

㉑ 如 J. B. Lightfoot.

㉒ 如 H. M. Carson.

㉓ ἐν αὐτῷ.

㉔ H. A. W. Meyer，同前，p. 384.

宣布说敌人已经被征服了，同时也声明凡是抵挡神的都要如此被征服。虽然“示众”一字本身没有羞辱的意思，但上下文却包含着这个意思。

“胜过了一切执政掌权的，废除了他们的权势” 译作“废除”的字是个很重要的字，解释也有些困难。这字本身是个中间语态的分词，[25]用法比较特别，而且在新约中只有歌罗西书用过这字，因此在解释方面引起许多不同的意见。首先，在歌罗西书第三章第九节的用法显然是“除去”的意思，“因为你们已经脱去了旧人和旧人的行为”。莱特弗特解释作“从身上除掉罪恶的势力”；[26]他认为基督道成肉身，取了人的性情，就不断受到罪恶势力的攻击，每一次的攻击都被基督胜过，直到最末一次，在十字架上，主将这些罪恶的势力完全废掉，得到了完全的胜利。因为基督已经在十字架上死了，从此恶势力在祂身上不再有任何影响力。这样的解释听起来似乎没有什么困难，但实际上却有一个很重要的问题：莱特弗特认为恶势力缠绕着基督，等到祂在十字架上死了，才能得胜，废掉这些恶势力。但圣经从来没有说过这些恶势力缠绕着基督，乃是基督主动地去向恶势力挑战。同时如果基督必须受死、除掉自己的肉身才能废掉这些恶势力的权势，那么祂的道成肉身实际上成了祂的一个软弱，若没有肉身，就不会有恶势力的缠绕。这是一个严重的困难。

上面的解释都将“废去”一字解作中间语态的用法，但实际上有许多中间语态构造的字是作主动语态[27]的用法，“废去”这字就是如此。[28]亚伯特将它解作“完全地解除武装”，[29]此意义在这里极其适合。基督既然在十字架上胜过一切“执政掌权的”，就将他们完全地解除了武装，或是说废除了他们的权势，他们的权柄、武器都被废去了，从此以后不

㉕ 中间语态，ἀπεκδυσάμενος.

㉖ J. B. Lightfoot，同前，pp. 190f.

㉗ 主动语态，即该动词为异相动词(deponent)。T. K. Abbott，F. F. Bruce 等对此处都这样解释。

㉘ 参 W. F. Arndt and F. W. Gingrich，同前，及 A. T. Robertson，*A Grammar of the Greek New Testament，in the Light of Historical Research*，Nashville：Broadman Press，1924，p. 805.

㉙ T. K. Abbott，同前，p. 261.

能再发生任何攻击、反对或者恐吓的作用了。

“执政掌权的”是什么样的权势呢？单按这两个名词本身来说，很难决定这两种权势的性质。执政掌权者是一种灵界的权势，可说是天使，但他们是顺服神的天使还是悖逆的天使呢？前面第十节说，基督是“一切执政掌权者的元首”，因此有人解释说这些权势是指好的、顺服神的天使。前面第十四节论到将与我们为敌的字据拿去，钉死在十字架上，这字据就是神的律法；而律法是藉着天使赐下来的，[30]律法既然被挪去，传达律法的天使也就不需要了，因此神也废除了他们的权势。单按这两个名词来说，这种解释没有困难，但若按整段经文的意义及上下文的用法，这样的解释就不容易接受了。保罗说基督藉着十字架胜过了这些权势，将他们解除了武装，又把他们放在凯旋的行列中公开示众，这样的词句用在传达律法的天使身上很不适合，他们奉神的旨意去完成神的使命，现在神要把他们当作被征服的仇敌去公开羞辱他们，这是不可能的事，因此这样的解释不适合本段的经文。

因着罪的缘故世人要受刑罚，敌人就是撒但的使者，他们要利用这理由来攻击我们；他们攻击我们的理由是我们的罪和律法的要求，现在神在基督里赦免了我们，涂抹了写在规条上反对我们的字据，并且将字据都挪去了，如此神就将他们用来攻击我们的武器完全除掉了。神把他们征服了，就在凯旋的行列中，把他们公开示众。按整段经文的教训来看，这里的“执政掌权的”只能解释作与救恩为敌的恶天使，撒但的使者。

神在基督里所作成的是完全的救恩。基督在十字架上受死，不单除掉了人类罪的刑罚，而且打破了罪恶的权势；祂不单赦免了我们的罪债，而且将定我们为有罪的证据除掉，从此没有人再有任何理由可以攻击那些在基督里已蒙赦免的人了。敌人用来攻击我们的武器，我们的罪，已经被除掉了；敌人用来攻击基督的武器，十字架，反成了基督胜过他们的武器。如今基督已经完全地胜过了他们，征服了他们，而且已向世界证明祂的得胜，将这些被征服的敌人提出来公开示众。基督是唯

---

[30] 参加三 19；来二 2；徒七 53.

一得胜的主，祂十字架的救恩是人类唯一的盼望，歌罗西人若明白此真理，他们就不会再离开基督，转向那些异端的教训了。

(III) 在基督里的自由(二 16～19)

“所以不要让人因着饮食、节期、月朔、安息日批评你们，这些不过是将要来的事的影子，那真体却是属于基督的。不要让人夺去你们的奖赏，这等人因乐于谦卑，敬拜天使；迷于自己所见过的；凭着肉体的意念，无故地自高自大；不与头紧密相连，其实全身都是藉着关节和筋络从头得着供应和联系，就照着神所要求的，生长起来。”

在这段经文中，保罗的教训重点在两方面，而这两方面的教训都是直接从前一段教训来的。第十六至十七节指出他们生活中的错误，第十八至十九节论及信仰上的错误。生活上的错误是遵守那些人为的关于饮食节期等规则；信仰上的错误是遵行敬拜天使等教训。这些是歌罗西异端的特征，所以歌罗西的基督徒应当特别小心防备。基督已经为他们作成了完全的救赎，把他们从罪的刑罚和律法的捆绑中释放出来了，如果再去遵守这些规则，就等于把自己放回这些捆绑之中；所以他们要谨慎，不要失掉在基督里已经有的自由。

二 16 “所以不要让人因着饮食、节期、月朔、安息日批评你们” “饮食”是指吃喝的行为说的，[31]不是什么食物可吃，什么食物不可吃，乃是基本上吃与不吃的问题；他们的规则不是因为食物洁净或不洁净，乃是要人吃普通的食物，过刻苦禁欲的生活。保罗讲的是歌罗西异端的教训，他们的要求比摩西律法的要求更严格。摩西的律法是为犹太人立的，外族人信主的不必守这些律法(参徒十五 19ff.)。同时，即使对犹太人来说，律法中也只有关于食物的命令；至于喝什么，只有在很特殊的情况之下，律法才有一些规则，如祭司在会幕中(利十 9)，或器皿不洁净(利十一 32)，或人许了拿细耳人的愿(民六 3)，否则律法不干涉人喝什么。现在歌罗西异端的师傅却要限制人喝什么，他们定的规

㉛ βρῶσις在约翰福音中用作食物(约四 32，六 27)，但在保罗书信中通常是指吃的动作(林前八 4；林后九 10)，βρῶμα是指食物(林前六 13，八 8)；πόσις和πόμα，有同样的分别。

则比摩西的律法更严格，他们的要求比摩西律法的要求更苛刻。这种态度往往是错误教训的开始，也是错误教训的记号。不论在信仰或生活上，错误的教训常常要人超过圣经所定的标准，他们认为这样才能显得比别人更属灵，或显出自己的特色。保罗在另一处经文勉励我们说，行事为人不要超过圣经所记(林前四 6)。在基督里的人已经得了自由，不要再被这些规条所奴役。

“节期、月朔、安息日”也是一样。在历代志上第二十三章第三十一节，这三个名词也曾合在一起用，旧约时代的犹太人应当遵守这些日子，但新约时代的基督徒就不需要守这些规条了。即使是犹太人，遵守了这些日子，并不证明他们比别人好，实际上只是证明他们的软弱，需要定一些特别的日子来遵守，才能亲近神，而不能经常地这样亲近神。㉜

在整个守饮食节日等规条的事上，这段经文引起了一些原则上的问题，值得我们去思想。首先，如果有基督徒有感动，愿意在饮食上有什么限制，或者愿意遵守某些特别的日子，这是他个人和神之间的事，他有自由这样行(罗十四 5ff.)，但这样行的基督徒不应当将他的感动作为标准，教导别人去遵行。然后在另一方面，虽然在不违反圣经原则的情况下，基督徒有自由可以行任何事，在本身没有对错的事上，基督徒有自由可以作任何决定，但却要顾及那些信心软弱的人，不可使自己的自由成为别人跌倒的原因。㉝

“不要让人因着饮食……批评你们” 饮食等若成了他们受批评的原因，保罗说这是错误的。“批评”一词的意思是“评判”。“评判”的结果可好可坏，但“批评”却常常包含有“坏的评判”的意思。人若因着饮食节日等事褒贬你们，都是不应当的，因为用这些东西作评判的标准根本就错了。不要叫人因这些事批评你们，也不可希望用这些事来得人的称赞。基督徒若是再追求遵守这些事，就等于回到律法规条的捆绑里面去。

二 17 “这些不过是将要来的事的影子，那真体却是属于基督的”

㉜ 参 J. B. Lightfoot，同前，p. 194.

㉝ 参罗十四 1ff.；林前十 23ff.

不要让人因着饮食、节期等批评你们，因为那些事物只不过是影子。影子和真体的比较是希伯来书的主题，但保罗有时也用它来解释一些真理。影子和真体对比，并不是说影子不真实，如果没有真体，根本不可能有影子；但影子不是真体，只是真体的一个记号或代表。同时影子也不一定在真体的前面出现，有时是如此，但却不一定如此。

旧约的一切礼节、仪式、规条都只是影子，基督才是真体；这些事物存在的目的是要表明基督。正如哥林多前书第五章所讲的，逾越节的羔羊表明基督的受死，无酵饼是表明基督徒被主洁净而过的生活。今天我们既然有了真体基督，就不应当再去追求那些作影子的东西了。"真体却是属于基督的"，遵守"影子"的事物所代表的一切福气都在基督里面完全应验了，因为基督就是那"将要来的事"。

二 18 "不要让人夺去你们的奖赏，这等人因乐于谦卑，敬拜天使；迷于自己所见过的；凭着肉体的意念，无故地自高自大" 这节圣经的主要思想是一个勉励："不要让人夺去你们的奖赏"。主词是"让人"的"人"，然后一连有四个分词"乐于"、"迷于"、"自高自大"和第十九节的"相连"，都是形容要"夺去你们的奖赏"的那人。全句的构造很困难，用字和意义也很难解释。

"夺去"这字是在一个动词前面加上一个否定的字，此字在全新约中只在这里用过一次，但其同根字的名词"奖赏"在哥林多前书第九章第二十四节用过，另一个同根字的动词是指在运动场比赛中作评判（西三 15）。用此动词加上一个否定的字，意思是如同运动场上的评判宣布比赛的人失败，或甚至失掉比赛资格，不得参加比赛。穆尔就认为此字的意思是"宣布失掉资格"。前面保罗说，"不要让人因着饮食、节期、月朔、安息日批评你们"，歌罗西的基督徒若在饮食等方面不按这些异端的教训去行，这些师傅可能说，"你们基督徒根本就失掉了资格"；[34] 在他们追求的路上，基督徒根本没有资格。但此字通常的用法，不是在比赛以前宣布参赛的人不够资格，乃是比赛完毕时，评判员宣布比赛的

---

[34] C. F. D. Moule, *Colossians*, pp. 103f.

结果，比赛失败的人得不着奖赏。[35] 基督徒的生活就像一场比赛(参林前九 24～25)，保罗对歌罗西人说，不要让人因饮食等事评判你们，如果你们在生活中受他们的影响，在最终评判的时候，你们可能得不着奖赏；这样的教训会使你们成为得不着奖赏的人。

“这等人因乐于谦卑，敬拜天使” “谦卑”和“敬拜天使”是平行的词句，都是“这等人”乐于作的事。译作“乐于”的字在这里是一个很难解释的字。[36] 有人解释作“坚持”要谦卑，[37]或将此字与“敬拜”连到一起，成了“随着己意敬拜”(23 节)。但在本节圣经中，这样的解释都很勉强，莱特弗特认为此字在这里的用法是受希伯来文影响，意思是“喜欢”或者“乐意”。[38] 这样的用法虽然不太多，而且亚伯特不赞成这样的解释，[39]但基本上这字是有“喜欢”的意思，[40]此解释对上下文也最适合。这样的人以谦卑和敬拜天使为乐，而且谦卑和敬拜天使这两件事有密切的关系，他们因为谦卑所以要敬拜天使，或者说，他们藉着敬拜天使来显示他们的谦卑。按着这些异端的教训，人和神之间的距离太大了，人不配直接地亲近神，只能敬拜天使。谦卑本是基督徒应有的美德，但过分的谦卑或是假意的谦卑都是不好的；特别是若有“喜欢”谦卑的思想，或以谦卑为乐，那就不是真正的谦卑了。

圣经上不论什么地方提到敬拜天使的事，都必责备或禁止，人应当单单敬拜神。[41] 但是今天在一些圈子里仍然有敬拜天使或已死的圣徒的现象。特别是在天主教中，仍常见这样的事。他们在神学书籍里面也许不提敬拜天使和已死的圣徒的事，[42]又或者解释说应该“尊敬”天使和已死的圣徒(这样的说法我们也同意)，但实际作起来，他们往往仍有“敬拜”天使的表现，这正是保罗在这里所要责备的。

---

[35] T. K. Abbott 及 J. B. Lightfoot 皆如此解释。

[36] θέλων一般译作“愿意”、“愿望”等。

[37] R. Martin，同前，p. 92.

[38] J. B. Lightfoot，同前，p. 195.

[39] T. K. Abbott，同前. pp. 266f.

[40] W. F. Arndt & F. W. Gingrich，同前 p. 356.

[41] 参见启示录。

[42] 参《宗徒经书》，香港：思高圣经学会，1958，上册，pp. 1026ff. 那里讨论这段经文时，完全不提敬拜天使和圣徒的事，但在他们的灵修书中，却鼓励人去敬拜。

“迷于自己所见过的”[43] “迷于”一字的原意是进入、居住、久留等。布鲁斯根据兰赛的发现，认为此字是形容当时人进入秘密宗教的仪式的一部分。[44] 若是这样，歌罗西的读者一看就会明白保罗这里所说的人是正式加入了这种宗教的人。这种人认为他们曾见过特别的亮光，有过特别的经验，他们可能用这种知识或特别的经验来引诱歌罗西人。“所见过的”一语可能是指异象，也可能是指一种特别的知识，异端的人以为这是他们独有的权利或资格，他们以此自豪，“迷于自己所见过的”。

“凭着肉体的意念，无故地自高自大” 意念是人里面的思想或意志，它本身可能没有善恶。人的意念可能是虚妄的（弗四 17），甚至是败坏的（罗一 28），但也可能是好的、愿意追求神的心（罗七 22～25），分别在于他的意念被什么东西影响或控制，被肉体或被圣灵。保罗指出歌罗西这些“敬拜天使，迷于自己所见过的”的人，是“凭着肉体的意念”行事。“肉体”一词并不是单指人属物质的身体，而是没有经过改变的抵挡神的罪性，“以肉体为念就是死，以圣灵为念就是生命、平安；因为以肉体为念就是与神为仇……属肉体的人不能得神的喜悦”（罗八 6～8）。歌罗西异端的人以为藉着刻苦己身，敬拜天使，就可以治服肉体，并以这样的事夸口，“无故地自高自大”。“无故”一字通常的意思是“没有作用”或者“徒然”，[45]但有时也有“无故”或“没有理由”的意思。[46] 歌罗西异端的人以他们超越的知识或属灵的程度来夸口，但他们自高自大是毫无理由的，因为他们所作的都只是外表物质上的事，对他们的灵性没有帮助。

二 19 “不与头紧密相连” 这是最末的一个分词，形容第十八节的“夺去”的主词。“紧密相连”是一个极其主动的字，代表一个动作，而不是单单代表一种关系。原文有“抓住”、“持有”的意思。基督徒和基

㊸ 有些版本这里有μή，意思是“自己所没有见过的”，和合本将此读法放在小字中。这样读法的版本见证软弱，而且，如同 T. K. Abbott 所说，基督教是一个信心的宗教，保罗不会责备人注意他所没有见过的事，因此我们就只接受现在所用的读法。

㊹ F. F. Bruce，同前，pp. 248ff.

㊺ 参罗十三 4；林前十五 2.

㊻ 参 Arndt & Gingrich，同前，p. 221.

督耶稣的关系不是单单被动地与祂联合到一起，而是要有一种主动的持守，要抓住祂。葡萄树和枝子的关系非常美，肢体与头的关系也非常重要，但这些比方只能表达基督徒和基督的关系的一方面，另一方面是身体上的每一个肢体要主动地去持守他和头的关系。

根据这样的经文，彼克认为歌罗西异端的师傅是基督徒，因为他们不是和基督没有关系，只是关系不够紧密。[47] 这结论的根基似乎不够稳固，此异端影响歌罗西的程度，我们不太清楚，很可能有些歌罗西的基督徒受了引诱，开始跟随他们的教训，保罗是向他们提出警告和勉励，我们很难肯定地说这些传异端的人都是基督徒。

“其实全身都是藉着关节和筋络从头得着供应和联系” 莱特弗特认为这里“头”的用法是一种专有名词或称呼。[48] 是否专有名词不能太肯定，但意思很清楚的是指着基督。“关节和筋络”只是按普通人的用法来用的，不必严格地用生理学上的意义去解释。整个比方的意思是说，正如人要靠着与头的联系才能生存，照样，教会，不论是全教会的整体，或每个信徒，都必须靠着与基督的联系才能存在。“供应”和“联系”两词都是现在分词，表明这是一种继续不断的过程。身体的每一部分都受头的控制，从头得到营养，这样身体才能正常地生活；基督的身体也是如此。如果基督身上的肢体不肯接受基督的管治，或者不倚靠基督来得生命的力量，整个身体、教会，也不能正常地生活。而且人身上的肢体和头是直接地联到一起，中间不能有别的东西阻挡，照样基督身上的肢体和基督也要有直接的联系，中间不可以有天使或任何别的事物来拦阻。

“就照着神所要求的，生长起来” 按原来文字的构造可以译作“按着神的生长，生长起来”，[49]意思是说生长的力量是从神来的，或者说神所赐的生长；但前一句刚刚提过全身都从头得到供应，基督是生长的

---

[47] A. S. Peake，同前，p. 533.

[48] 参 J. B. Lightfoot，同前，p. 198. 原文是一个代名词，是指着前面的“头”说的。但用法很特别，“头”是阴性，但代名词却是阳性，τὴν κεφαλήν, ἐξ οὗ，所以自然显出是代表一个有位格的人，但是否能作为一个专有名词或称呼，就不那么清楚了。

[49] 原文是αὔξει τὴν αὔξησιν τοῦ θεοῦ，是同源词，“神的生长”用来解释生长的方式，或生长的性质。“神的生长”可以是神所计划的生长或神所要求的生长。

源头,因此将“神的生长”解释作“照着神所要求的”生长起来是最适合的。神的教会的生长不是毫无方向的,也不是按着人的意思,乃是按着神的计划和要求。要防备那些人为的计划或教会的传统,不可让这些来左右教会发展的方向,要让教会“照着神所要求的,生长起来”。

(Ⅳ) 歌罗西人的错误(二 20～23)

“你们若与基督一同死了,脱离了世俗的言论,为什么仍然好像活在世俗中一样,拘守那‘不可摸,不可尝,不可触’的规条呢?(这一切东西,一经使用,就都朽坏了。)这些规条是照着人的命令和教训而定的,在随着己意敬拜,故作谦卑,和苦待己身等事上,表面上有智慧之名,其实在防止放纵肉体的事上,没有任何价值。”

前面保罗已经提到这些异端教训在思想或信仰上的错误根源,“你们要谨慎,免得有人不照着基督,而照着人的传统和世俗的言论,藉着哲学和骗人的空谈,把你们掳去……所以不要让人因着饮食、节期、月朔、安息日,批评你们……不要让人夺去你们的奖赏,这等人因乐于谦卑,敬拜天使;迷于自己所见过的,凭着肉体的意念,无故地自高自大”(二 8、16、18)。那是他们错误的原因和根基,现在保罗要指出这些思想在他们生活行为上的表现,在实际生活中的错谬。

二 20 “你们若与基督一同死了,脱离了世俗的言论” 信徒与基督一同受死的教训,保罗在好几个地方都已经讲明;前面第十二节说,洗礼表明了与基督一同受死、一同埋葬的真理。“与基督一同死了”一语的构造是表明一次就已经成就的事实;整句话的意思是:如同你们受洗归入基督的时候,就和祂一同死了。所以按文字用法应该译作“你们既然与基督一同死了”。一个人既然死去,他生前的捆绑条约就都失效了,照样,基督徒和基督已一同死去,从前的那些规条就无效了。所以他们已“脱离了世俗的言论”。[50] 世俗的言论如果是指着异端的教训说的,这句话就更有意义了。原文没有“脱离”二字,但包含了离开的意思。[51]

---

[50] 参前面西二 8 的解释,p. 73.

[51] 动词ἀπεθάνετε中的前置词ἀπό就表示离开的意思。

二 21 “为什么仍然好像活在世俗中一样，拘守那‘不可摸，不可尝，不可触’的规条呢?” 拘守这些规条是在世俗中生活的表现；已经与基督同死又同复活的人，不再在世俗中生活，就不应当再有这样的表现了。“拘守……规条”一词在新约中只用过这一次，同字根的名词译作“谕旨”、“命令”等，[52]在新约中用过几次。这动词在希腊文的旧约及别的文学中，用过很多次，常常是“颁发命令”的意思。[53] 这里用的是中间语态，意思是“你们准许自己被这些命令所捆绑”。歌罗西人因遵守这些命令而犯错，这是他们自己的责任，没有人强迫他们这样作。保罗向他们说，你们为什么这样愚拙，主动地把自己放在这些捆绑之下?“基督释放了我们，为了要使我们得自由，所以你们要站立得稳，不要再被奴役的轭控制”(加五 1)。

“不可摸，不可尝，不可触” 很显然是指这些异端教训中注重的规条，他们强调物质方面的洁净，不可被这些事物玷污。这些规条都是消极的，只注重不可作的事，并叫人藉着这些约束而产生优越感。三个命令似乎都与饮食有关，对某些饮食不摸、不尝、不触，就显出自己能够刻苦，或能够控制自己的喜好，胜过自己的欲望。其实这些感觉都是表面的，物质的，没有灵性的意义。“摸”有拿住或抓住的意思，“尝”比“摸”的动作轻一点，“触”比“尝”的动作又轻一点。这三个命令所牵涉的动作，一个比一个轻，也就是说命令的本身一个比一个更严厉。这常是异端的特色，把重点放在一些细节上，规例愈来愈严格，条件愈来愈琐碎，把不重要的事看作重要，重要的事倒被忽略了。

有人将“不可摸”的“摸”字解释作婚姻生活中夫妻的关系。[54] 这样的解释看起来很新鲜，而且哥林多前书第七章第一节“男人不亲近女人倒好”的“亲近”和这里的“摸”是同一个字，所以这样的解释看起来似乎有些道理。但事实上，正如莱特弗特所说，全本歌罗西书都没有提到禁止婚姻的问题，而这里将一个这样重大的问题，用这样隐晦的字句说出来，好像不大合理，因此没有必要在这几句话中找出这样特别的意

---

[52] 参路二 1；徒十七 7；弗二 15.

[53] 参以斯帖记三 9；马加比书下十 8.

[54] 参 R. Martin，同前，p. 96；A. R. C. Leaney，同前。

思来。

二 22 “（这一切东西，一经使用，就都朽坏了）” 这句话的意思很清楚，但文法的构造比较难解释。“这一切东西”在原文是代名词，[55]是指什么东西说的呢？前一句话只有几个动词，没有名词，但这些动词都需要有宾词，就是摸的东西，尝的东西，触的东西，“这些东西”就是指这些动词的宾词说的。“使用”一词有经使用而用尽的意思，有些东西经过正常的使用就会用尽，用了就不可以再用，例如燃料、食物等。食物一经吃过，就不再是食物了，一经使用就用尽了。若是这样，这句话更加证明前一节的命令是指饮食说的。“朽坏”一词有溶解、溶化等意思，用在食物上也极其适合，食物一经消化，就不存在了。这些物质的东西“进到肚腹，然后排泄到外面去”（太十五 17），“其实食物不能使我们亲近神，我们不吃也无损，吃也无益”（林前八 8）。

“这些规条是照着人的命令和教训而定的” 这句话的构造和上一句同样简洁，原文只是“照着人的命令和教训”，用来形容第二十一节的“不可摸，不可尝，不可触”。“命令和教训”只有一个冠词，两个名词是属于同样性质的事，是同一件事的两个方面，或者传达过程中的两个步骤。这句话的基本思想很可能是从以赛亚书第二十九章第十三节来的，“主说，因为这百姓亲近我，用嘴唇尊敬我，心却远离我；他们敬畏我，不过是领受人的吩咐”。耶稣引用这节圣经时，将人的教训解作“人的传统”（可七 7），犹太人遵守人的传统，却离弃了神的诫命。这些歌罗西异端的师傅也犯了同样的毛病。我们若过分注重人的命令和教训，也会犯同样的错。

二 23 “在随着己意敬拜” 这节圣经的构造很难解释，现在我们按着中译文的次序逐句地思想一下，然后再看全节的意义。“随着己意敬拜”是一个名词，在全新约中只在这里用过一次，亚伯特根据此字的动词在圣经以外的用法来确定它的意思是“按着自己的意思或方式来敬拜”。[56] 这些异端的师傅给自己定了敬拜的方式，完全没有想到神的旨意如何，也没有想到这样的敬拜方式与神的本性或圣经的教训是否

---

⑤⑤ ἅ是关系代词，没有先行词。

⑤⑥ T. K. Abbott，同前，p. 275.

相符。整个敬拜都是自己想出来的。第十八节的敬拜天使,和第二十一节的规条,都可能是这种敬拜的一部分。不按着神的启示,只按自己的意思去敬拜是一件危险的事,耶稣说,“那用心灵、按真理敬拜父的,才是真正敬拜的人;因为父在寻找这样敬拜祂的人”(约四 23)。

“故作谦卑” 原文只是“谦卑”一个字,在文法上与“随着己意敬拜”一词的构造一样,莱特弗特认为“随己意”的意思也应当和“谦卑”连到一起,因此这里译作“故作谦卑”很适合。谦卑的意义和第十八节的用法一样。[57]

“和苦待己身等事上” 这句话也最好解释作和前两句平行。的确如莱特弗特所说,前两句的重点是在信仰方面,这句是注重实际生活方面,但是也不必因此就将这三句话的文法构造看为不同。歌罗西的异端本来就有禁欲主义的倾向,[58]这句话就把这种倾向表明出来了。在生活中有节制、不放纵自己肉体的情欲本是应当的,但圣经上从来没有说过,我们可以单凭刻苦己身来达到灵性的地步。

“表面上有智慧之名” 这话可以有两种译法:把动词译作“是”,或译作“有”。如果译作“是”,全句就译作“是智慧之言”;如果译作“有”,则为“有智慧之名”。[59] 智慧之言的“言”,常常有“名声”或“名誉”的意思,亚伯特和莱特弗特都从圣经以外的文学中举出很多例子,来证明这样的用法。特别在这里,在文法上“言”是宾词,应该是“有”的宾词,因此译作“智慧之名”比较恰当。这句话按文字来说没有“表面上”一词,但从整个句子的构造可以看见,真正的重点是在相反的意思上,[60]“人都以为这规条是有智慧的,但实际上不是如此。”

---

[57] 参见前面西二 18 有关谦卑的解释,p. 89.

[58] 参本书绪论,p. 16.

[59] ἅτινά ἐστιν λόγον μὲν ἔχοντα σοφίας 可以将 ἐστιν 看作动词,将 λόγον μὲν ἔχοντα σοφίας 看作谓词,如此 ἐστιν 也可以和下面的 οὐκ ἐν τιμῇ 连到一起,J. B. Lightfoot 如此解释。但也可以将 ἐστιν ἔχοντα 看作动词,形容前面“规条”的性质,是有 λόγος σοφίας, T. K. Abbott 如此解释。

[60] 在 ἔχοντα 的前面有一个 μέν,下面跟着就应该有一个 δέ,但此处的 δέ 没有表达出来,δέ 的意思却在下面的一句话,用另外一种方式表达出来了,οὐκ ἐν τινι κ.τ.λ. 如此就将相反的意思表达出来了。

“其实在防止放纵肉体的事上没有任何价值” “放纵肉体的事”的意义很重要。“放纵”一字基本上可以有两个不同的解释，可以解作“满足”身体正常合理的需要，这是这字基本的意义。这样解释，就是说这些规条只能满足人肉体的需要，却不能满足灵性的需要。这样的解释很勉强，意思也不清楚，很难看出遵守这些规条如何能满足人肉体的需要。另外一种方法就是解释作过分地放纵肉体，这是此字常有的用法。放纵肉体就是放纵情欲，“他们……凭着肉体的意念，无故地自高自大”（二 18）。如果接纳第二种解释，这句话与上下文的关系又如何呢？关键在于对一个前置词的解释。[61] 译作“防止”的字，基本的意思是“面对”或者“面向”，但这字的用法渐渐从位置的关系改变为人的关系。在通常的用法中，“面向”一个人就表示有同情帮助的意思，但也有时是抵挡反对的意思，在新约中有不少这样的用法，哥林多前书第六章第一节译作“争执”，使徒行传第二十四章第十九节“控告我”中的“我”字前面的前置词、第六章第一节“埋怨”后面的前置词，以弗所书第六章第十二节译作“对抗”，都是从此前置词的意思来的。这些用法都有反对、抵挡的意思。莱特弗特引用古典希腊文在医学的用法上，某种药可以治某种病，[62]就用此字，表示防止、抵挡的意思。虽然亚伯特不赞成这样的解释，[63]但他的理由不够充分。当然在谈话间提到药物的时候，我们也会用“帮助”这一类的字，但用法不一样；譬如说某种药可以“帮助我的感冒”，意思并不是说这种药可以使我的感冒更强盛，乃是说这药能帮助我，治好我的感冒，可见防止或抵挡的意义仍然存在。因此这句话的意思应该解释作“在防止放纵肉体的事上，没有任何价值”。有人将这句话解作“只能叫人放纵肉体”，[64]但这样的解释需要在原文加上“只能”两字；而且遵守这些规条怎样“叫人放纵肉体”，也很难明白。

“没有任何价值” “价值”一字有时可译作“尊敬”或者“尊重”，这样解释的人通常在“尊敬”后加上“身体”一词，意思是说这些异端的师

---

[61] πρός + acc. 可以有帮助的意思，也可以有反对的意思，参 W. F. Arndt and F. W. Gingrich，同前，p. 717.

[62] J. B. Lightfoot，同前，pp. 207f.

[63] T. K. Abbott，同前，pp. 276f.

[64] 参 H. M. Carson，同前，pp. 78f.

傅认为遵守这些规条,满足了肉体就可以使身体得尊贵,[65]但实际上并不能使身体得尊贵,因为身体与肉体并不等同,虽然二者在保罗的用法中都有灵性的意义。这样的解释似乎很合理。"价值"一字最基本的意思是"价钱"或"价值",然后从物质的价值演变为伦理的或灵性的价值是很自然的。异端的师傅以为遵守那些规条就可以克制情欲,防止人放纵肉体,但实际上没有功效。这样行最多只能叫人以为自己有深奥的智慧,却不能叫他们的生命有任何改变;实际上即使遵守了这些规条,仍然连防止放纵肉体的果效都没有。

在这一段中,保罗先是批评歌罗西的异端,只是"照着人的传统,和世俗的言论","故意谦卑,敬拜天使","凭着肉体的意念,无故地自高自大",接着他转而批评他们的教训并不能防止人放纵肉体。保罗批评这些异端,不是单单因为他们不能防止人放纵肉体,还因为他们整个教训的重点没有放在灵性的价值层面。歌罗西的异端师傅立了"不可摸,不可尝,不可触"等许多规条,以为遵守这些规条,刻苦己身,便会更加属灵,其实这些只能带给人一种自我满足,叫人自夸,那些已经与基督同死的人,并不能靠它带来什么帮助。人的内心如果不改变,外在的一切行动就都没有价值。

---

[65] 参 H. M. Carson, T. K. Abbott,同前。

伍　新人的生活（三 1～四 6）

保罗的书信一般都是分成两部分，前一半是教义和真理的解释，后一半是实际生活的教训。有了真理的根基，才有生活上的教训；生活上的教训永远是建立在真理的根基上。对歌罗西的基督徒来说，这样的教训更加重要。基督徒因为在生命上有了改变，与基督一同死了，又一同复活了，在生活上就应当有同样的改变。基督徒不是靠着生活的表现来立功劳，乃是因为生命不同了，自然有不同的生活方式。这一点在保罗书信的教训中讲得非常清楚：好的行为不是得救的方法，但却是真正得救的人不可少的表现。保罗在这里将一幅美丽的图画，极其崇高的基督徒生活标准，摆在歌罗西基督徒面前；对一个已经改变的生命，这样的标准一定有极大的激励和吸引的作用。

对歌罗西人勉励的话，其实在第二章第六节已经简单地提过了，不过接着保罗要指证异端教训的错误，没有继续发挥，直到这里，他才清楚地解释基督徒应有的生活。保罗首先解释一个与基督同死又同复活的人应有的生活目标（三 1～4），然后勉励基督徒应该除去一切与这种生活不符的行为（三 5～11），接着指出我们应当追求的生活方式（三 12～17），然后是这些标准在家庭关系中的具体表现（三 18～四 1），最后是给歌罗西人劝勉的话（四 2～6）。

(I) 生活的目标(三 1～4)

“所以，你们既然与基督一同复活，就应当寻求天上的事，那里有基督坐在神的右边。你们要思念的，是天上的事，不是地上的事。因为你们已经死了，你们的生命与基督一同隐藏在神里面。基督就是你们的生命，祂显现的时候，你们也要和祂一同在荣耀里显现。”

三 1　“所以，你们既然与基督一同复活”　“所以”就表明整个结论的根基,下面的勉励是上面的真理的结果。"你们既然与基督一同复活",这是一个已经成就的事实。"复活"一词的用法是指过去一次就已经成就的事。前面第二章第二十节保罗说基督徒和基督一同死了,这里他又说他们和祂一同复活了。基督徒与基督同死又同复活的事实,藉着洗礼已经表明出来(二 12),但洗礼的仪式只是一个外表的记号,它所代表的真意,乃是生命的改变,向罪和世界死亡,向神和属灵的事复活。经过这样改变的人,他整个人生观和对事物的看法都有了改变,因此他整个生活的目标和方向就不同了。

"就应当寻求天上的事,那里有基督坐在神的右边" 有人将"寻求天上的事"解释作在末日基督再来时的经验。[①] 当然,我们若要用肉眼看见基督坐在神的右边,也许是要到末日才能实现。但这里保罗讲的是今天基督徒应当有的生活;特别在下面保罗勉励歌罗西人要思念天上的事,不要思念地上的事;对那些在末日、已经在肉体中与基督同在的基督徒,勉励他们不要思念地上的事,似乎是多余的。基督已经复活升天,坐在神的右边,与基督同复活的人,在灵里与基督同在,也是属天的人了,所以自然应当寻求天上的事。"我们在基督耶稣里,与祂一同复活,一同坐在天上"(弗二 6)。这是一件不应忽略的事实,但却是常常被忘记的。

保罗勉励基督徒寻求上面的事,有一个主要的意思。前面保罗告诉歌罗西人,不要遵守节期、月朔、安息日等规则,不要敬拜天使,不要遵守那些没有功效的规条等,一连串的教训都是消极的,不要、不要、不要。单单这样做有两方面的危险:一方面告诉人他们过去所行的都错了,把他们过去信仰的根基好像都捣毁了。这是一件危险的事,人若认为过去自己所作的都不对,却得不到一个正确的方向,可能会成为一艘没有舵的船,漂流无定,以致失落。另一方面,单单批评别人的过失,很容易会叫人觉得基督教是一个消极的宗教。这样也不作,那样也不作,基督徒到底作什么呢? 指出别人的错处有时是必须的,但积极的行动或指示更加重要。保罗这里有消极的禁止,也有积极的指引方向:要寻

---

① 参 H. A. W. Meyer,同前,p. 418.

求上面的事。

“那里有基督坐在神的右边” 保罗这里用的是诗篇第一百一十篇的思想。耶稣曾将这段经文用在自己身上(可十二 35～37),因此初期教会一向都接纳这段经文为论到弥赛亚的诗篇;如此用在荣耀的基督身上很自然,而且耶稣自己也曾说过,这是祂将来要得的荣耀(可十四 62)。坐在神的右边,表示祂已经完成了救赎(来十 12)。神的右边是一个尊贵的地方,有权柄的地方,圣洁的地方,荣耀的地方,[②]而且是一个和神交通,为我们代求的地方(罗八 34)。

三 2 “你们要思念的,是天上的事,不是地上的事” “思念”比“寻求”更进一步。有的事物我们可能在需要时尽力寻求,另外有些事物,不论是否寻求得到,我们都会心里不断地思想,念念不忘。保罗用的是现在进行时态,将继续不断的意思表达出来了。这样常常思念的事,是充满我们的心思、我们看为最重要的事。我们当思念的是天上的事,不是地上的事。这些信奉异端的人和当时灵知主义的人,在饮食节期等事上定下许多规条,他们以为只要遵守了规条,便比别人更属灵;但实际上只是证明他们所思念的是地上的事,而不是天上的事。地上的事本身并不是罪,人在地上生活就需要地上的事。但基督徒若过分看重地上的事,认为这些比天上的事更重要,心中常常思念这些事,便成了罪了。所以保罗勉励歌罗西的基督徒,不单要寻求上面的事,更要常常思念上面的事。

三 3 “因为你们已经死了” “死”字是单纯的过去时态,重点在死的那一件事,或者说过程,而不在死亡的情况。在普通情况下,一个已死的人当然就是“死了”;但亚伯特指出,如果上下文显明肉体死了以后还有生命存在,那“死了”的意思就不一定包括在此动词里面了。[③] 这里保罗的重点是基督徒和基督一同复活了。活的生命才能有生命的表现,罗马书第六章第十至十一节是这句话的很好的解释。

---

② 参可十 37;徒二 34;太二十五 33～34;来一 3、13.

③ T. K. Abbott,同前,p. 279.

“你们的生命与基督一同隐藏在神里面”　我们的生命藏在神里面，④在世人看来，基督徒的生命与别人没有什么不同。一方面是因为基督徒灵里的经验、他和基督的关系、心灵中的挣扎或喜乐，是外人看不见的；另一方面，基督徒仍有人常有的软弱、试探、限制等等。在表面上看来，基督徒的生命可能与世人的生命没有分别，但他灵里的生命是隐藏的，他心里知道他的生命是真实的，所以他应当按真实的生命来生活。

我们的生命藏在神里面，其意思并不是说我们的生命和基督一同在神里面混合成为一个，并因此失掉我们个别的存在。初期教会时代有些特别的理论就这样主张，但这不是圣经的教训。下面保罗讲到，虽然我们的生命藏在神里面，我们仍要治死地上的肢体；而且在第四节，“你们也要和祂一同在荣耀里显现”，这里的动词“显现”是复数，基督徒要一个一个地显现，而不是混为一体。

三 4　“基督就是你们的生命”　使徒约翰曾说，“凡有神儿子的，就有生命；没有神儿子的，就没有生命”(约壹五 12)。基督不单是生命的根源(约一 4)，及赐生命的主(约六 33)，祂自己就是我们的生命，因此保罗可以说“我活着就是基督”(腓一 21)，又说“基督活在我里面”(加二 20)。基督是我们的生命，有基督的人就有生命。

“祂显现的时候，你们也要和祂一同在荣耀里显现”　基督是我们的生命。对世人来说，今天我们的生命是隐藏的，但不会永远隐藏。将来有一天，基督要在荣耀中显现，到那时，凡属祂的人也要和祂一同显现。“现在我们是神的儿女，将来怎样，还没有显明；然而我们知道：主若显现，我们必要像祂，因为我们必要看见祂本来是怎样的”(约壹三 2)。这里提到基督再来的日子，是一个极宝贵的盼望，将来有一天基督徒要分享基督的荣耀，完全像祂的样式，里面和外面的生命都要发生改变，在荣耀中和祂一同显现。

---

④ “生命”一字这里用的是ζωή，而不是βίος，前者是指人的灵性生命，后者是指生物的肉体生命。

(II) 治死旧人(三5～11)

“所以要治死你们在地上的肢体，就如淫乱、污秽、邪情、恶欲和贪心，贪心就是拜偶像。因着这些事，神的忿怒必要临到悖逆的人。你们从前在其中生活的时候，也曾经这样行过。但现在你们也要除去忿怒、恼怒、恶毒、诋毁，以及粗言秽语这一切的事。不要彼此说谎，因为你们已经脱去了旧人和旧人的行为，穿上了新人；这新人照着他的创造者的形像渐渐更新，能够充分认识主。在这一方面，并不分希腊人和犹太人，受割礼的和未受割礼的，蛮夷和西古提人，奴隶和自由人，惟有基督是一切，也在一切之内。”

歌罗西异端师傅的教训是叫人遵守规条，但这样的方法并不能使人胜过肉体的情欲；保罗的教训是朝着一个完全不同的方向，不是叫人守一些外表的或琐碎的规则，而是叫人在生命上有基本的改变。人的方法往往是从外面的细节着手，圣经的教训却是注重生命的原则。生命改变了，生活的原则不同了，生活的细节自然就容易控制了。

这段经文所列出的几项罪和加拉太书第五章第十九至二十一节，以弗所书第五章第三至五节所列出的罪很相似；在教导中提到这样的罪，可能是当时教会中常用的方法。这些罪是放纵肉体的生活常有的表现，因此虽然前面没有提到歌罗西人有犯这样的罪，保罗在勉励他们除去旧人的生活时，劝他们要离开这样的罪，是很自然的事，不能因此证明这段经文不是保罗写的。⑤

三5 “所以要治死你们在地上的肢体，就如淫乱、污秽、邪情、恶欲和贪心，贪心就是拜偶像” “要治死”是命令式，不是当作一个过去已经成就的事实，而是一件需要作的事。既是命令，就表示被命令的人有责任遵守，应当遵守保罗的命令；但同时也表示他们有可能遵守，也有可能不遵守。如果他们根本没有可能遵守，那么命令就没有意义了；

---

⑤ 看E. Lohse，同前，p. 136，他认为这里列出来的罪在歌罗西的背景中并不存在，所以保罗没有必要写这些话，很可能是后来的人从别的书上取来，加在这里的。这种看法太主观，没有具体的根据。

如果他们顺着本性,自然就会遵守,那就不必再吩咐了。现在保罗这样吩咐,就显明被吩咐的人应以自己意志的力量下决心去遵守。圣经上论到救恩的问题时,永远是当作一件已成就的事实来看;但是谈到圣洁生活的时候,却常常用命令式,表示人需要用意志的力量去追求。

这节圣经的词句,在文法上的构造比较难解释;按字句的构造来看,应该译作"所以要治死你们在地上的肢体,就是淫乱……","肢体"一词和下面的几种罪是同位字,"肢体,就是……"。但肢体如何能"就是"这些罪呢?因此解经的人有许多种不同的解释,但最简单的解释是将"肢体"看作我们旧人的"肢体"。提到"旧人",自然是指基督徒属灵生活的范围;在旧人的生活里,我们用肢体去犯罪;"在地上"的肢体就表示是旧人的,属地的,犯罪的。这些属地的肢体是犯罪的工具,就等于是罪一样;将旧人的肢体治死,使它不再发生作用了,就是不再犯罪了。

基督徒既然和基督一同死了,为什么还要治死在地上的肢体?人死了,难道肢体不死吗?保罗的教训好像前后不一致,有时说基督徒已经与基督同死,有时又说我们要治死老我。我们思想上要明白:真正的基督徒在灵里面有两个生命,一个是旧人的生命,一个是重生的新生命。得救的人"与基督同死了",是在属灵生命的关系上与基督同死;这并不是说他旧人的生命因此就被除掉,不再存在。基督徒的旧人若完全不存在了,他的生活就不会再有软弱,那么他自然可以过一个完全圣洁的生活了;但事实并不是这样。保罗在另一个地方说,"我们既然与基督同死,就信也必与祂同活……祂死是向罪死了……你们也应当这样,向罪算自己是死的,在基督耶稣里,向神却是活的。所以不要容罪在你们必死的肉身上掌权,使你们顺从肉身的私欲,也不要把你们的肢体献给罪,作不义的用具"(罗六 8～13)。我们已经与基督同死的人,要向罪"算"自己是死的。如果老我已经失掉存在,就用不着再"算"自己是死的了。保罗在这里用不同的字句讲同样的教训,"要治死你们在地上的肢体",你们的生命虽然已经与基督同死,但老我的"肢体"仍然存在,不要让它再有表现。

这里所提的五种罪,是从具体的行动渐渐指向内心的欲望,乍看起来好像是从比较严重的罪,移向轻微的罪,但事实上刚好相反,因为具体行动的罪是内心欲望的结果。最末的一样罪，贪心，好像不十分严重，但保罗解释说，“贪心就是拜偶像”。内心的欲望是罪恶的根源。耶稣也曾同样地说，杀人是忿怒的结果，奸淫是动淫念的结果（太五 21、27f.）。心中的意念在我们生活中极其重要（参箴四 23）。“淫乱”是指未婚男女之间的不正常关系，⑥这种关系在当时的社会可能认为很平常，但保罗说这是需要治死的肢体之一。“污秽”本来是指一切不洁净的事，但是按保罗在书信中的用法，很可能是指违反人性的行为，如同性恋一类的事。⑦ “邪情”本来没有“邪”字，原文是指没有重生的人本来就有的情感或情绪，忿怒憎恨等都包括在内，这种“邪情”可能成为更大罪恶的根源。“恶欲”中的“恶”字很重要。欲望本身不一定是错的，而且有时是很好的，耶稣曾说，“我十分愿意在受难以前，和你们吃这逾越节的晚餐”（路二十二 15）。其中的“愿意”就是这个字，而且是加强语气的字。在基督徒实际的生活中有肉体的欲望不是错，但是想望不应当的事，或是用违反神的旨意的方法去满足欲望，就是错了。许多罪都是从这样的恶欲生出来的。“贪心”不单是想望得着自己所需要的，而是以“多有”为满足。这里和以弗所书第五章第五节都说贪心和拜偶像一样，因为贪心的人只以“多有”为满足，把“多有”看为最重要的；物质的“多有”比神更重要，这些物质就成了他的偶像。另一方面，因为在以弗所书第四章第十九节和第五章第三节两处经文，都将此字和淫乱、污秽等字一起用，又在帖撒罗尼迦前书第四章第五至六节所用的“占弟兄的便宜”的“占”字和“贪心”是同根字，而占弟兄便宜的意思可能是指占有弟兄的妻子，所以有些解经的人认为“贪心”一语特别是指情欲或淫乱方面的贪婪。⑧ 按字义来说，这样的解释不是不可能；但是按上下文来说，前面保罗刚刚讲过要除去淫乱、污秽等事，如果贪心也是指这方面的罪，似乎有点重复，而且在讲到贪心的时候，保罗特别加上一句解释说，“贪心就是拜偶像”，因此将贪心只解释作物质方面的贪婪比较适合。

---

⑥ 此处用的是πορνεία，不是μοιχεία，后者是指已婚男女所犯的罪。

⑦ 参见罗一 24；林后十二 21；加五 19.

⑧ 参 R. Martin，同前，p. 109，及 H. M. Carson，同前，p. 81.

三 6　“因着这些事,神的忿怒必要临到悖逆的人”　因人的罪,神的忿怒和刑罚就临到了世人,罗马书第一章第十八节开始更清楚地讲到神的忿怒和审判。达德在罗马书的注释中,[9]将“神的忿怒”解释作一种拟人化的笔法。神的忿怒和刑罚只是罪恶的自然结果,而不是神向人发怒,出于神自己的意旨来刑罚人。神是慈爱的神,祂不会向人发怒,也不会主动地降下刑罚;用手摸火,自然会被灼伤,这是自然的结果,也可以说是摸火的刑罚。穆尔和贝尔根据达德的解释,[10]都认为这里所说的神的忿怒,只是一种自然的罪的报应,而不是出于神的本性向人发怒,好像施报复性的刑罚。这样的解释似乎很有道理,但实际上与圣经的教训不符合。神不是没有情感的,如果祂不会发怒,祂也不可能有真正的爱。圣经上多次讲到神的忿怒,因为祂不单是慈爱的神,祂也是公义的神,因此祂要向罪恶发怒。神的忿怒不是一时情感的冲动,乃是祂的正义被触犯的结果;祂的审判不是报复性的刑罚,乃是人犯罪应得的公义的处罚。所以这里讲的“神的忿怒”,乃是因人的罪触犯了神的公义,而神出于祂的意旨向人发怒。这样忿怒的结果可能在今生使人受到刑罚,也可能叫人在末日受刑罚;无论如何,这样的刑罚都是因着人的罪,出于神的旨意而临到的。

“必要临到”是一个现在时态的字,表示将来必要发生的事。圣经上常有这样的用法,韩立信称之为预言式的现在时态,[11]所表达的事现在虽然还没有发生,但到了时候一定会成就。[12] 犯罪的人虽然今天没有受到神忿怒的刑罚,但神的时候到了,刑罚一定会临到。

“悖逆的人”　在一些比较古老的版本中没有这句话,但也有许多很好的版本有这句话。主张保罗原来没有写这句话的人,认为这几个字是抄写的人按以弗所书第五章第六节加上去的,但按全部版本的见证来说,这句话应该是保罗写的。按经文的意义来说,如果没有这句

---

⑨ C. H. Dodd, *The Epistle of St. Paul to the Romans*, London: Hodder & Stoughton, The Moffatt N. T. Commentary, 1932, pp. 21f.

⑩ 参 C. F. D. Moule, *Colossians*, p. 117; F. W. Beare,同前,p. 213.

⑪ W. Hendriksen, *Exposition of Colossians and Philemon*, Grand Rapids: Baker Book House, 1964, p. 147,称之为预言式的现在时态,通常称为未来式的现在时态。

⑫ 参见太十七 11;约四 21,十四 3 等处的用法。

话，全节圣经的意思就不完整。同时，下面第七节说，"你们……也曾……"，如果没有"悖逆的人"一语，第七节的话就好像没有了根基，因此今天多半解经的人都认为这句话是保罗写的。"悖逆的人"表示这些人经常过悖逆的生活，悖逆神的旨意是他们生命的特性。不是单指在某件事上的表现，乃是说他们的本性根本是不顺服的，神的忿怒临到他们是应当的。

三7 "你们从前在其中生活的时候，也曾经这样行过" 歌罗西的基督徒过去也曾在这些罪恶的环境中生活；不单如此，他们也行过这样的事。"在其中生活"是他们生活的环境，"这样行过"是他们具体的行动，他们不必为生活环境负责，却要为他们自己的行动负责。

保罗对一些从不信的环境中出来的基督徒，劝勉他们要离开过去常犯的罪。这事至少有两方面的意义，一方面保罗毫不犹豫地告诉这些基督徒，他们过去所行的是罪，现在必须离开这些事。上面所提的那些事对基督徒来说，当然都是错的，但是对那些生活在歌罗西地方的人，因为一向在这种环境中生活惯了，他们也许不觉得是错，所以保罗需要提醒他们。在今天的教会中也是如此，由于社会风气的影响，许多人对某些事物对错的感觉好像麻木了，教会应该清楚地提醒信徒有关基督徒生活中的对错标准，不要认为那些事太明显了，基督徒自然应该知道是错误的；因着他们所处的生活环境，他们可能不知道这些事是错误的。教会有责任提醒他们。

另一方面，保罗没有因为歌罗西人的背景，而降低基督徒的灵性生活要求。歌罗西的社会是外族人的社会，他们的生活方式和犹太人的不一样，保罗好像可以有理由在这里妥协一点，对他们的道德伦理生活不必要求过高；若要求太高，他们达不到，便会灰心。但保罗没有妥协。保罗清楚知道他们的背景和过去的生活，现在他告诉他们，他们必须离弃过去所作的这些事。这也是今天教会的一个挑战，因着生活环境和基督徒的背景，教会或许会觉得对信徒的道德伦理或灵性生活的要求不能太高，恐怕他们达不到；这样的妥协是不应当的。教会不必害怕把基督徒应有的崇高生活标准摆在信徒面前，也不应妥协或降低应有的标准。

三8 "但现在你们也要除去忿怒、恼怒、恶毒、诋毁，以及粗言秽语这一切的事” 原文在这节圣经的末了有“口中”一语，但按文法的构造，这两个字不是形容“粗言秽语”的，而是与主要的动词“除去”连到一起用，意思不是“你们口中的粗言秽语”，乃是“要把这一切的事从你们口中除去”，因此“口中”一语在中文不必译出来；但是从这两个字可以略略看出这些罪的性质。第五节所说的罪是指行动和情欲方面的罪，这里则是言语方面和藉口舌表达出来的罪，所以要把这一切的事“从你们口中除去”。

本节开始的“现在”是与第七节的“从前”相对的；从前，在你们与基督同死以前，过的是那样的生活，现在你们已经与基督一同复活了，生活应该不一样了。“也要除去”的“也”字是要显出歌罗西基督徒生活一个比较的标准。第七节保罗说，“你们从前……也曾经这样行过”，是将他们和别的不信的人比较，别人这样生活，你们也这样生活；第八节的“现在你们也要除去”，是将他们和别的基督徒比较，别的基督徒除去了这样的罪行，你们也要这样除去。基督徒在灵性生命上处于什么样的光景，就会有什么样的生活。“除去”是形容脱衣服的动作，圣经上常将此字，如同“除掉暗昧的行为”(罗十三 12)，“除掉谎言”(弗四 25)等，都像脱衣服一样，需要一个坚决具体的动作，所以这个词在圣经里常具有象征和灵性意义。基督徒需要这样“除去”忿怒等类的罪。

忿怒和恼怒的分别的确不大，而且有时两个字互相交换着来用，但很多时候的用法显出一个分别来，“忿怒”是指内心里面深藏的一种情感，“含怒不可到日落”(弗四 26)的“含怒”就是从这个字来的。另一方面，这里译作“恼怒”的字是指爆发出来的忿怒，如启示录里面的用法，“大巴比伦倾倒了，它曾经叫列国喝它淫乱烈怒的酒”(十四 8)。这里保罗将两个字连在一起用，显然两个字所代表的意义是有这样的分别。“恶毒”是一个很普通的、意义广泛的字，它的基本意义可能是“不好”，也可能是指极败坏的恶事。用在言语上可能是指不造就人的闲话，也可能是指恶意中伤他人的说话。“诋毁”一字用在反对神的词句上常译作“亵渎”，用在人的身上则常译作“毁谤”。“粗言秽语”的重点不在“秽语”，而在“粗言”，指不真实的、对人有伤害的或污辱性的话语；这一切的事基督徒都应当除掉。

三9　“不要彼此说谎”　这里接着第八节继续论到言语方面的罪。基督徒必须绝对诚实，不论是善意或恶意，也不论在什么情况之下，基督徒都不能说谎。不单是那些明显直接的谎话，连那些半真半假的话语，甚至于可能给人错误印象的行动，都不应当有。完全的诚实应该是基督徒生活的一个记号。

“因为你们已经脱去了旧人和旧人的行为”　“脱去了旧人”和第十节的“穿上了新人”是两个分词，且是过去时态的分词，[13]在这里是作原因的用法，形容上面的动词“不要说谎”。“脱去旧人”是在过去他们与基督同死的时候已经成就的事实；因为他们已经脱去了旧人，所以不要再过旧人的生活，不要说谎。旧人就是没有和基督同死、没有改变过的老我。旧人如果死了，当然就不应该再有旧人的行为了。

三10　“穿上了新人；这新人照着他的创造者的形像渐渐更新，能够充分认识主”　“穿上了新人”是与前面的“脱去了旧人”相对的，也是同时发生的。人与基督同死的时候，这两件事就在他生命里作成了。这两句话特别值得注意，正如加尔文所说，从这样的经文就可以得到“重生的定义”，[14]重生就包括这两部分：除去旧人，穿上新人。脱去旧人是指与基督同死，治死老我的生命，那么穿上新人也就是指着重生时所得的新生命。但这新人或新生命是什么样的生命呢？

布鲁斯根据下一句话，“这新人照着他的创造者的形像渐渐更新”，认为保罗这里是指着创世记的记载说的；他认为第一个亚当是我们的“旧人”，第二个亚当就是我们的“新人”；第二个亚当，自然就是基督。他又引用加拉太书第三章第二十七节及罗马书第十三章第

---

⑬ 两个都是不定过去分词。有些解经的人，如 J. B. Lightfoot，认为这两个分词，都是作命令式用。他们的理由是，下面第十二节有一个命令式的字 ἐνδύσασθε。但是，这两个分词与第十二节距离太远，而且第十二节开始有一个 οὐκ 显出是开始一个完全新的句子；同时按整段经文的上下文来看，保罗这里的教训不是吩咐他们要除去旧人，穿上新人；乃是吩咐一些已经与基督同死（二 20）又同复活的人（三 1），应当如何生活，所以将这两个词解作状语因果分词，比解作间接分词更好。

⑭ John Calvin, *The Epistles of Paul the Apostle to the Galatians*, *Ephesians*, *Philippians and Colossians*, tr. by T. H. L. Parker, Torrance Edition, Grand Rapids: Wm. B. Eerdmans, 1965, p. 349.

十四节，来证明这里的“新人”就是基督自己。[15] 这样的解释似乎很有道理，因为加拉太书与罗马书的“披戴”基督和这里的“穿上”新人是同一个字，但同一个字在圣经上的用法，不一定有同样的意思。加拉太书和罗马书的经文讲到披戴基督时，上下文清楚显出是基督徒在生活中应当有基督的样式，或属基督的态度。歌罗西书第三章第九至十节是说已经除去旧人、穿上新人的人，应当有除去罪恶的生活。一处是说在生活上要披戴基督，一处是说在生命上要穿上新人，从这样经文的用法就证明新人是基督的解释，证据似乎不够充足。下面的一句话，“这新人照着他的创造者的形像渐渐更新”，的确使我们联想到神最初的创造，不过想到亚当的创造不一定直接证明新人就是第二个亚当；实际上这句话更显明新人不应当是基督。这新人要照着他的创造者的形像更新，如果新人是基督，那就是说基督是神所创造的，而且基督要按着神的形像渐渐更新，这样的解释刚好与歌罗西书的中心教训相违。保罗在书中一再证明基督的超越性，祂不是被造的，祂是在万有之上，神本性一切的丰盛都住在祂里面；祂不是被造之物，也不需要更新。所以这里的新人不是指基督自己，而是经过重生的人里面的新生命。

“更新”的主词是新人，已经重生的人要重新得力，或者得着新的力量，叫自己灵里的生命更有长进。以弗所书第四章第二十三节说，“你们要把心灵更换一新”，使心灵或思想能有新的感觉，领受新的感动。这种更新应该是一个持续不断的过程，原文是一个现在分词，是经常应当有的行动，正如保罗在另一个地方所说的，“我们外面的人虽然渐渐朽坏，但里面的人却日日更新”(林后四 16)。

“他的创造者的形像” 这是重生的人更新的标准。神最初造人，是按着祂自己的形像造的；人像神一样，有道德的意识，有分辨的智慧和能力，可以知道对错，作出选择。人犯了罪，就失去这种能力，把神在他里面的形像毁坏了，现在神要按着祂原来的标准，按着祂自己的形像将人更新。

---

⑮ F. F. Bruce，同前，pp. 272ff；R. Martin，同前，p. 116，引用 E. Lohmeyer 的话时，显出他似乎也认为这样的解释很正确。

重生的人得到更新，就“能够充分认识主”。“充分认识”与前面第一章第六节的“确实认识”及第一章第九节的“充分明白”是同一个字。[16] 这样的知识是在基督里的人得更新的目标，也只有在基督里的人才能领受；知识的内容是按着神的旨意（一 9），得知神的恩典（一 6），并得知福音的奥秘（一 27）。因此这种认识不单是头脑的知识，更是心灵的领会，明白神的旨意后有愿意遵行的心。灵里的生命得到更新，自然就能这样“充分认识主”。

三 11 “在这一方面，并不分希腊人和犹太人，受割礼的和未受割礼的，蛮夷和西古提人，奴隶和自由人，惟有基督是一切，也在一切之内” “在这一方面”或可译作“在这里”，意思是指在与基督同死又同复活的新人的生活里，不再有这样的分别了。[17] 在基督里的人与基督联合成为一体，不再有任何的分别。保罗接着举出几种人本来有的分别，现在却不复存在：希腊人和犹太人是种族和国籍的分别，受割礼的和未受割礼的是宗教背景的分别，蛮夷和西古提人是文明程度的分别，奴隶和自由人是社会阶级的分别。在基督里这一切的分别都消除了。可能保罗这些话是针对歌罗西的异端说的，异端中犹太教的人轻视外族人，灵知主义的人看不起文化较低的人，甚至有些人看不起作奴隶的欧尼西慕；但事实上保罗上面所说基督徒应当脱离的罪，是人人常犯的罪。不论背景如何，都只有在基督里成为新人，才能脱离这样的罪，所以他说“在这一方面”并没有分别。

“希腊人” 在圣经的用法，通常是所有非犹太人的总称。直到近代，犹太人还称所有犹太人以外的人为“希腊人”。[18]

“受割礼的和未受割礼的” 仍和前一句话一样，是讲到犹太人的

---

⑯ 参见本书前面的解释，pp. 29，33.

⑰ ἔνι通常和οὐκ一起用，是ἔνεστιν的缩写，可以译作“没有”。没有希腊人和犹太人，意思是没有希腊人和犹太人的分别。Arndt & Gingrich, *Lexicon*，及 H. G. Liddel and R. Scott, *A Greek-English Lexicon*, new edition, Oxford: Claredon Press, 1940，都如此解释。T. K. Abbott 和 C. J. Ellicott 等认为ἔνι是ἐν的另外一种写法，后面跟着有一个字ἔστιν被省略掉了，而不是ἔνεστιν的缩写。实际上这两个解释没有真正的分别，意思都是“没有”。J. B. Lightfoot 认为οὐκ ἔνι的意思不只是“没有”，更是“不可能有”，这样的解释似乎没有足够的证据。

⑱ T. K. Abbott，同前，p. 285.

特殊权利和地位，不过这种权利外邦人也可以得到，只要接受割礼。生为犹太人的身份不能使他们成为新人，藉着割礼的行为所得到的也一样无效。

“蛮夷和西古提人” “蛮夷”基本的意思是指言语不同的人，“外国人”。希腊以自己的文化为最高，渐渐产生一种观念，凡言语与他们不同的人都是没有文化的野蛮人。因此通常这字都是与“希腊人”相对着来用，这里因为前面已经用过“希腊人”，所以用蛮夷和西古提人来作对比，正如犹太人称所有的非犹太人为希腊人，希腊人则称所有的非希腊人为蛮夷人。文化高的和文化低的也没有分别，文化不能使人成为新人。西古提本来是巴勒斯坦以北很远的一个地方，居民多是游牧民族，生性可能很粗暴，因此西古提人成了希腊人观念中最落后的蛮夷人。在当时人眼中的西古提人，就如我们今天观念中未开化的野蛮人一样。保罗说文化的高低没有分别，在神面前都是一样，文化不能使人的生命改变，没有文化也不能成为人犯罪的借口。

“奴隶和自由人” 在当时人的观念里，奴隶就如同一种产业或物件，根本不被当作人来看待；但是在基督里面不再有这样的分别。保罗差遣欧尼西慕回去时，他写信给腓利门说，你要接待他，因为他“不再是奴仆，而是高过奴仆，是亲爱的弟兄”（门 16）。在教会中，人和人基本的关系改变了，过去的分别不再存在；这样的改变只有在基督里才能成就。

“惟有基督是一切，也在一切之内” “一切”在这里可指一切物件，所有被造之物都包括在内，歌罗西书第一章的重点是在这方面，但也可能是指所有人说的，本章圣经的重点是在属基督的人。按经文的意思来看，也许不应该过分仔细分析这句话中每个字的用法。保罗这里的目的是将我们在基督里所得的新生命和新地位，与那些在世界使人分裂的因素来比较：种族、国籍和社会背景都只能使人分裂，不能成就任何属灵目的，惟有基督是一切的一切。人生命中最重要的是人和基督的关系，其他的一切都不重要。

(III) 穿上新人(三 12～17)

“所以，你们既然是神所拣选的，是圣洁、蒙爱的人，就要存怜悯的心肠、恩慈、谦卑、温柔和忍耐。如果有人对别人有嫌隙，总要彼此宽容，互相饶恕；主怎样饶恕了你们，你们也要照样饶恕人。在这一切之上，还要有爱心，爱心是联系全德的。又要让基督的平安在你们心里作主；你们蒙召归为一体，也是为了这个缘故。你们要有感谢的心。你们要让基督的道丰丰富富地住在你们心里，以各样的智慧，彼此教导，互相劝戒；用诗章、圣诗、灵歌，怀着感恩的心歌颂神。凡你们所作的，无论是言语或行为，都要奉主耶稣的名，藉着祂感谢父神。”

基督徒既然成了新人，就应当有新人的表现。基督徒里面的新人要经常照着基督的形像更新，更像基督的样式，所以在另一个地方，保罗勉励我们要穿上基督，或者说“披戴基督”(罗十三 14)，就是说生活像基督。不过保罗怕“生活像基督”的标准过于笼统，或过分抽象，所以在这段经文，他要更清楚、更具体地说出基督徒生活中一些实际的勉励。第十二节讲到基督徒在人面前的生活应有的美德。第十三节讲到在不如意的情况之下应有的表现。第十四至十五节讲到基督徒生活应有的特征——爱心，和他生活中平衡的力量，就是基督的平安。第十六节讲到团体敬拜的目的和功用——在真理上得造就，彼此有交通，并向神献上感谢和赞美。最后，第十七节可说是道出全书的主题在基督徒生活中的意义：一切都是以基督为中心。

三 12 “所以，你们既然是神所拣选的，是圣洁、蒙爱的人” 基督徒蒙神拣选是他们应当有新人生活的理由或先决条件，[19]他们如今是蒙拣选的，就应当有蒙拣选的人的表现。“拣选”的思想源自旧约，以色列人是神所拣选的百姓，[20]他们是“选民”，是按着神的计划蒙拣选的人。在新约，同一个观念应用在教会身上，属基督的人是神所拣选的人。人

---

⑲ 原文的联系词ὡς，在这里不是用作比较，而是用以指明，所以译作“既然”很恰当。参 Arndt & Gingrich，同前，p. 906. under ὡς，III，1.6.

⑳ 参申四 37；赛四十四 1～2，四十五 4.

蒙拣选并不是因为自己有什么好处,乃是因着神的恩典和祂的大爱。[21] 神拣选的标准是祂自己的旨意。[22] 神的拣选有双重目的,一方面要使世人因着蒙拣选的人,可以认识祂;另一方面叫选民将来可以完全无瑕疵地被呈献到神面前。[23] 因此这里保罗提出拣选的教训有几方面的意义:首先保罗要显出新旧两约的连贯性;歌罗西异端中有人可能走两个极端,有人认为犹太人是神的计划中的选民而拒绝外族人,而希腊师傅和灵知主义的人则认为他们是神计划中最重要的人。保罗说,新约时代的基督徒和旧约的以色列百姓一样,他们才是神所拣选的人。神的拣选是承受救恩的一个基本条件,人不是靠着自己的刻苦生活来得救。神的拣选是按神的旨意,因着神的恩典,人不可以因此自夸。蒙神拣选的人,最终要无瑕疵地被呈献到神面前,因此他们的生活应该与他们蒙拣选的身份相称。因此神的拣选成了保罗对基督徒生活勉励的根基。

“圣洁”一语和前面第一章第二节的“圣徒”是同一个字,基本的意思是从世界中分别出来。[24] 一个蒙拣选的人就是从世界中被分别出来的人,他自然是圣洁的。神的拣选与神的慈爱是分不开的,论到以色列人,保罗说,“就拣选来说,因祖宗的缘故,他们是蒙爱的”(罗十一 28)。今天的基督徒也是如此,蒙拣选的人就是蒙爱的人。

“就要存怜悯的心肠、恩慈、谦卑、温柔和忍耐” “存”原文是“穿上”。穿上新人,也要穿上新人的生活。保罗接着说出五种美德是基督徒应当穿上的,而这五种都是关乎与人相处的态度;另一方面,这五种美德都已在耶稣基督的身上彰显出来了。基督徒生活的关系可以分成两方面:一方面是和神的关系,另一方面是和人的关系,这两方面同样重要。人因自己的背景,很容易走上极端,注重一方面而忽略另一方面。单注重和神的关系而忽略和人的关系,或者单注重和人的关系而忽略和神的关系,两个极端都是错误的。对已经穿上新人的人,保罗勉励他们要穿上新人的生活,留意与人的关系。这种新人生活的标准是

㉑ 参申七 6～8;林前一 26～29.

㉒ 罗八 29,九 11.

㉓ 创十二 3;约十五 16;弗一 4.

㉔ 参见前面西一 2 的解释,p. 23.

根据耶稣基督的榜样来的。

“心肠”一词原来是指“肠子”，或内脏；当时的人认为人的情感是在肠子里，就如同中国人认为人的情感是在“心”里一样。“怜悯”原来是指内心的情感表达出来的表现。腓立比书第二章第一节将这两个字分开来用，中文译作“慈悲和怜悯”。这里合到一起，译作“怜悯的心肠”，意思是内里一种极大怜悯的心，使我们愿意不顾一切地去帮助别人。“恩慈”是对别人的态度，“谦卑”是对自己的看法，都是基督徒应有的美德。“温柔”的人是一个多为别人着想，而不单想到自己的人，这样的人为了别人的好处，会乐意放弃自己的权利和自己的意见。温柔的人不是软弱的人，也不是没有主见的人，而是不坚持自己的好处和自己的意见。耶稣说，“我心里柔和谦卑”（太十一 29），这里的“柔和”就是“温柔”，耶稣是“温柔”的最好榜样。“忍耐”是忍受痛苦的心，这种痛苦明显是出于别人的过失，或是故意的伤害，我们仍然不发怒，不记恨，不报复。耶稣有这样的忍耐，所以在十字架上祂才能祷告说，“父啊，赦免他们！因为他们不知道自己所作的是什么”（路二十三 34）。

三 13 “如果有人对别人有嫌隙，总要彼此宽容，互相饶恕” “嫌隙”一词在圣经中别处没有用过，意思是指一种使人不满或埋怨的事，这样的埋怨可能真是有理由，也可能是出于误会；不论大事或小事，基督徒之间在基督里面应当彼此饶恕。“宽容”和“饶恕”都是分词，与第十二节的“存”字平行，都是命令式。这样的彼此饶恕，互相宽容，是基督徒应当行的。嫌隙既然是指使人不满或埋怨的事，就不是指着异端的教训说的，保罗并没有吩咐歌罗西的教会要宽容、饶恕那些异端的教训。前面歌罗西书第二章已经清楚讲明教会应当如何对待那些异端。在人际关系上，如果有嫌隙，应当彼此宽容，互相饶恕。㉕

㉕ 彼此宽容的“彼此”是ἀλλήλων，互相饶恕的“互相”是ἑαυτοῖς，因此，有人将此句解释作“饶恕你们自己”，意思是基督徒合起来成为一个教会，教会的肢体之间应有饶恕的心。参 H. M. Carson，同前，pp. 87f. 这样的解释，在真理上来说，不是错误，但在这里似乎没有区分的必要，因为在古典希腊文中ἑαυτῶν与ἀλλήλων意思一样，可以交换着来用，参 F. Blass and A. Debrunner，*A Greek Grammar of the New Testament and Other Early Christian Literature*，Chicago：University of Chicago Press，1961，p. 150 § 287，所以译作“彼此宽容，互相饶恕”很恰当。

"主怎样饶恕了你们,你们也要照样饶恕人"　保罗的命令是以基督的赦免为根基,正如贝尔所说,㉖保罗吩咐他们的理由,不是根据神的命令,甚至不是根据基督的榜样,而是根据基督徒在基督里面的经验。这样,即使有人真的得罪或伤害了我们,我们也没有理由不赦免他。圣经上通常都是说神饶恕我们,只有这里说"主饶恕我们","主怎样饶恕了我们,我们也要照样饶恕人"。这里只是讲到饶恕这个事实,而不是指出饶恕的方式。我们饶恕人的方式和"主饶恕我们"的方式完全不一样。

三 14　*"在这一切之上,还要有爱心,爱心是联系全德的"*　这里的"有"也和前面的"穿上"是同一个字。按文法的构造,这节圣经与前两节是接连着的,"要穿上怜悯的心肠、恩慈、谦卑、温柔和忍耐……在这一切之上,还要穿上爱心。"保罗这里仍是用穿衣服的比喻来形容基督徒的生活。"爱心是联系全德的",这话的意思不十分清楚,㉗直译可以译作"完全的联系",将"完全"一词看作形容词来形容联系,"爱的联系是完全的联系"。㉘ 可以将"完全"解释作"完全的交通或团契",爱将基督徒联系在一起,使他们渐渐走上完全的地步。㉙ 但最好的解释是将"完全"作为前面所提那些美德的代表,爱心将这些美德都联系到一起,成为一个完全的整体。古时人穿的衣服都是宽大松弛的,身上的衣服都穿好了以后,要束上一条腰带,才算装束齐备,才能够自由地行动或工作;如果没有用腰带束起来,他身上有些衣服也许对他没有帮助,反成了他行动上的拦阻。前面所讲基督徒生活中那些美德都非常重要,但需要用爱心将这些美德联系到一起,基督徒的生活才能成为一个完全的整体。因此保罗说,"在这一切之上",在前面所提的那一切美德之上,"还要穿上爱心",基督徒的生活才能成为完全。

三 15　*"又要让基督的平安在你们心里作主"*　基督的平安是基

㉖ F. W. Beare,同前,p. 219.

㉗ ὅ ἐστιν的用法很难解释,ὅ的先行词如果是ἀγάπην,就应该是ἥ,不是ὅ。一个可能的解释是因为ὅ的谓词是σύνδεσμος,下面整个句子决定了ὅ ἐστιν的用法。

㉘ C. F. D. Moule, *Colossians*, p. 123,称这种解释中的τελειότητος为描述所有格。

㉙ 参 E. F. Scott, Wm. Hendricksen & A. S. Peake 皆这样解释。

督所赐的平安,"我留下平安给你们,我把自己的平安赐给你们"(约十四 27)。这种平安可以有两个解释。一个解释是说平安是指基督徒彼此之间的关系,[30]另一个解释认为平安是指基督徒内心的平安,在困难当中,或在压力之下,仍然不失掉内心的平安。[31] 两种解释都有理由,而且可能在这里两种意思都有。前面保罗曾说,"如果有人对别人有嫌隙,总要彼此宽容,互相饶恕",让基督的平安作主。这里的平安应当是指基督徒彼此相处的平安;但是,另一方面,保罗说让基督的平安"在你们心里作主",所以这平安也应当是指内心在神面前的平安。第一种解释适合本节圣经的上文,第二种解释适合本节的下文,在这种情形之下,单注重"平安"一词一方面的意义,似乎不大适合。内心的平安和彼此间的平安虽然不是同一件事,但很多时候却是分不开的;特别在基督徒的生活中,这两件事的关系更加密切,因此这里的平安应该包括两方面的意义。"作主"本来的意思是运动场上作评判,后来渐渐演变成"管理"的意思。"让基督的平安在你们心里作主",就是在基督徒整个的生活中,不论遇到什么困难、冲突、纷争、思想或情感上需要决定的事,或者基督徒彼此之间的困难,都要让基督的平安作我们决定的原则。

"你们蒙召归为一体,也是为了这个缘故" 因为同是蒙召的人,所以基督徒都是一个身体的肢体。神呼召他们来享受肢体平安相处的喜乐。一个正常健康的身体,各肢体之间必定完全地调协;肢体之间不调协,身体就有困难。基督身体的肢体也是如此,如果有不调协的情形出现,就要让基督的平安来作主。

"你们要有感谢的心" 这句话的构造是命令式,与前面的"要让基督的平安在你们心里作主"是平行的。"感谢"可以说是基督徒生活中各种美德的高峰。感恩就是承认神的恩典,承认一切好处都是从神来的,以致有感恩的心及真正的谦卑。这句话的意思不单是"要有感谢的心",而且是"要作感谢的人",要有感谢的行动。感谢的行动若不是出于内心,固然不好;但单有感谢的心而没有行动,也是不完全的。要有感谢的心,也要有感谢的行动;下面自然地引进赞美神的经文。

---

[30] 如 T. K. Abbott,同前,p. 289.

[31] 如 H. M. Carson,同前,p. 88.

三16 “你们要让基督的道丰丰富富地住在你们心里，以各样的智慧，彼此教导，互相劝戒” “基督的道”一语是很特别的用法，通常圣经上用“神的道”或“主的道”。意思很显然是主的教训，或以主为中心的教训，无论怎样解释都是指神所启示的真理。“住”是在家里居住的意思，是长久性的居住，神的话住在我们里面，要在我们生命中作主。“住在你们心里”原文是“住在你们里面”，而“你们”是复数的词，所以有人将这句解作“住在你们中间”，意思是基督徒彼此交往的时候，让基督的话在他们中间作主；不过“住在你们中间”与“居住”一词的含意好像不大符合，因此还是“住在你们心里”比较好，况且如果是住在“你们”所有人的心里，自然也包括了“在你们中间”的意思。“丰丰富富”是形容“居住”的方式，基督的话若能自由地居住在人心里，人有完全接受、顺服的心，基督的话自然能结出丰富的果子来。

“以各样的智慧，彼此教导，互相劝戒” “以各样的智慧”是形容教导与劝戒。这句话和本节末了的一句话的构造是平行的，“以各样的智慧彼此教导”，“怀着感恩的心歌颂神”。基督徒应当彼此教导，彼此劝戒，但要有智慧。教导虽然出于善意，如果不够智慧，可能会得到相反的效果。“彼此教导，互相劝戒”原文是两个分词，作命令式用，教导和劝戒是基督徒彼此应有的责任。有人认为这两件事是基督徒一起敬拜的时候作的，[32]在敬拜的时候，有人唱诗或背诵圣经，这些自然会有教导、劝戒的功效。但这里的“彼此教导，互相劝戒”两句话的用法，按文法的构造，或上下文的内容，都不能证明是指着敬拜的聚会说的。而且从教会历史中无法证明使徒时代的教会，每次敬拜的时候，参与的人都按着临时的感动领导唱诗或背诵经文。使徒行传第二十章第七节显明并不是如此，因此这里的“彼此教导，互相劝戒”应该是指基督徒整个的生活说的。在教会中，肢体间的整个生活都应当有彼此教导、互相劝戒的作用。初期教会肢体间的生活很亲密，彼此之间的交通机会多，自然能够互相影响。今天的社会不同，基督徒之间来往少，失掉了很多彼此教导、互相劝戒的机会，这是教会的一大损失。在敬拜的聚会以外，肢

---

[32] 布鲁斯引用特土良的话说，在领受爱筵的时候，每一个参与的基督徒都要唱一节诗，或背诵一节圣经，来赞美神，F. F. Bruce，同前，p. 284.

体之间的交通越多，越能互相造就，生命就越活泼有力。

“用诗章、圣诗、灵歌，怀着感恩的心歌颂神” “诗章”可能是指圣经里面的诗篇或者类似的诗歌，“圣诗”是基督徒写的赞美神的诗，“灵歌”是指有灵性意义的诗歌。用这三个名词不一定表示初期教会中的诗歌划分得那么清楚，或者这三种诗歌有那么清楚的分别；意思乃是用你们一切的赞美来歌颂神。“怀着感恩的心”这句话比较难翻译，第十五节的“感谢的心”原文就是“感谢”一字，中文必须译作感谢的心；但这里原文有“心”字，直译应为“在你们心里存着感恩”。“感恩”一字原文没有冠词。如果有冠词，就可以译作“优美”，“风度”。[33] 单按“感恩”一字来看，这样的解释没有困难；但是在这里有“在心里”一语，“在心里优美地唱”没有什么意义，所以最好还是译作“感恩”。“怀着感恩的心歌颂神”，口里的感恩要与感恩的心相配合。而且歌颂的对象是神自己，不是任何属人或属世的事。

三 17 “凡你们所作的，无论是言语或行为，都要奉主耶稣的名，藉着祂感谢父神” 这节圣经可以说是整段经文的结论。“凡你们所作的”就包括基督徒的全部生活。[34] 基督徒所作的一切都要“奉主耶稣的名”来行。“奉主的名”一语是福音书中常用的话，在书信中却比较少用。根据全本圣经的用法归纳起来，“奉主的名”有几方面的意义：首先，“奉主的名”是倚靠主的能力，基督徒自己没有能力作主所喜悦的事，只有倚靠主才作得到。然后，“奉主的名”是表示靠着主的权柄。使徒“奉主耶稣的名”赶鬼，鬼就被赶出去，因为使徒有“主耶稣”的权柄。我们本来没有资格感谢神，现在因“主耶稣的名”，我们可以了。再一方面，“奉主的名”是表示代表主的旨意。一个大臣可以说，我奉王的命令宣布一件事，人要听从他所宣布的，因为他是奉王的命令作的；但是他所宣布的内容必须与王的旨意符合，否则他就是假传圣旨。现在我们“奉主的名”感谢神，我们所讲所行，也要与神的旨意符合。最后，“奉主

㉝ F. W. Beare 译作“singing with beauty”；加尔文译作“singing graciously or acceptably”.

㉞ καὶ πᾶν ὅ τι ἐὰν ποιῆτε ἐν λόγῳ ἢ ἐν ἔργῳ的构造很特别，可以解作主格独立结构(Abbott)或宾格独立结构；下一句也没有动词，εὐχαριστοῦντες是分词，所以在意义上需要加上ποιεῖτε或ποιοῦντες.

的名”的意思是代表“主耶稣”。基督徒在世上就是耶稣基督的代表，世人看不见耶稣基督的肉身，却看见基督徒的生活，人要按基督徒的生活来评判信耶稣的价值。因此，在一切的言语和行为上，基督徒都当自问，我能“奉主的名”作这事吗？我能“奉主的名”为这事感谢神吗？基督徒藉着在教会里面的来往，藉着遵行基督的道，藉着诗歌，也藉着言语和行为称颂神。

(Ⅳ) 家庭的责任(三18～四1)

“你们作妻子的，要顺服丈夫，这在主里是合宜的。你们作丈夫的，要爱妻子，不可苦待她们。

“你们作儿女的，要凡事听从父母，因为这在主里是可喜悦的。你们作父亲的，不要激怒儿女，免得他们灰心丧志。

“你们作仆人的，要凡事听从世上的主人；作事不要只作给人看，像那些讨人欢心的一样，却要以真诚的心敬畏主。无论你们作什么，都要从心里去作，像是为主作的，不是为人作的，因为你们知道，你们一定会从主那里得到基业为赏赐。你们应当服事主基督，因为那不义的人，必按他所行的不义受报应。主并不偏待人。

“你们作主人的，要公平地对待仆人，因为知道你们也有一位主在天上。”

这段经文和以弗所书第五章第二十二节至第六章第九节讲的是同样的题目，可见在写这两本书信的期间，保罗心里一直在思想这个问题：基督教的信仰和基督徒家庭的生活有什么关系。有些解经的人认为这段经文来得太突然，与上下文的教训好像完全没有关系，叫读者在心理上毫无准备；所以他们认为这只是当时一些圈子里，或是哲学系统，或是教会中，一些通用现成的规条，拿来用在这几封书信中。[35] 这样的结论过于武断，也犯了一个毛病，就是以今天的社会情况，来衡量保罗时代人的生活方式，忽略了家庭的重要，因此不能领会保罗书信的

---

[35] 如E. Lohse. 他认为这段圣经是希腊社会中犹太人团体的伦理教训，在这里“基督教化”了，放在本书中，同前，pp. 154－156.

计划和方向。实际上，正如史格托所说的，基督教使人对家庭有崭新的看法，这种看法是改变世人生活最重要的一个因素。[36] 保罗注重对家庭生活的教训，因为这是基督教信仰在世人生活中发生作用极重要的一环，而且也是基督教真理在基督徒生活中应当产生的作用。

许多种不同的文化的确都有这一类关乎家庭生活的教训，但保罗这里所讲的和其他的同类教训之间有一个基本的分别。不论是中国或希腊，巴比伦或埃及，[37]在论到人为什么要遵守某些行为的标准时，都只能说按事理应当如此。但是对基督徒来说，保罗说我们应当如此行，因为"这在主里是合宜的"。"在主里"是整个基督徒生活的关键，因为是"在主里"，基督徒的生活有了新的动机、新的标准，也有新的动力去实行。在思想基督徒的伦理生活时，我们绝不能忘记这一个重要的原则：基督徒一切的生活都应该按着"在主里合宜"的标准去行。

下面保罗讲到家庭中三种主要的关系：丈夫和妻子的关系，父母和儿女的关系，及主人和仆人的关系。这三种关系，就包括了整个家庭的生活范围。在思想这几种关系时，首先值得注意的是：在每一种关系中，保罗的吩咐都是给双方面的，妻子有责任，丈夫也有；儿女有责任，父母也有；仆人有责任，主人也有。"在主里"的关系不是单方面的，责任和义务都是双方面的；彼此都尽自己的本分，才能达到神所盼望的目的。

三 18 *"你们作妻子的，要顺服丈夫，这在主里是合宜的"* 丈夫和妻子组成的家是整个社会组织最基本的单位，家庭的状况对社会的影响极大，因此保罗先讲丈夫和妻子的关系。妻子应当顺服丈夫，这并不是说妻子在任何一方面低过丈夫，圣经从来没有说过妻子低过丈夫。不论是按着人的本性或灵性来说，人在神面前都是绝对平等的；不过在神创造的次序中，祂给人定下这样的分别，"丈夫是妻子的头，好像基督是教会的头……教会怎样顺服基督，妻子也要照样凡事顺服丈夫"（弗五 23～24）。基督徒夫妻这样遵行神的安排是合宜的。"你们作妻子

---

[36] E. F. Scott，同前，p. 97.

[37] 希腊、埃及、巴比伦的教训中，除了父母儿女、夫妻的关系之外，也有讲到主人和奴仆的关系；中国的教训很少提到主人和奴仆的关系，却常提到君臣之间的关系。

的"一语原文只是"妻子"一字,是一个主格的字,当作呼格用,这样的用法是受希伯来文的影响。[38] "合宜的"一语在文法上是过去进行时态,表示这是应当经常如此的,不是单单在某种情形下才这样作。

三19 "你们作丈夫的,要爱妻子,不可苦待她们" 妻子顺服丈夫,丈夫就要爱妻子。这里保罗用的爱字是圣经上常用的最崇高的一种爱,神的爱常是用这个字。丈夫爱妻子不是单单在情感方面的喜欢,或是男女之间的爱,而是一种灵里的关心,顾念对方的好处的爱。"丈夫也应当这样爱妻子,好像爱自己的身体一样。爱妻子的,就是爱自己了。从来没有人恨恶自己的身体,总是保养顾惜,好像基督对教会一样"(弗五28～29)。"苦待"一词的意思是使一件事物变苦,苦待一个人就是使他感到痛苦。在古典希腊文中常用此字表示发怒或发脾气。不可苦待妻子的主要意思大概是不要向妻子发怒,或存嫉恨的心,或者用言语激动她。[39] 男人性情暴躁,特别容易向自己的家人发脾气,保罗说,不要如此。

保罗的"顺服丈夫"的命令是给妻子的,"爱妻子"的命令是给丈夫的;作妻子的应当主动地去顺服丈夫,作丈夫的应当主动地去爱妻子。作丈夫的没有权去命令妻子顺服自己;照样,作妻子的也不能勉强丈夫来爱自己。如果要妻子顺服丈夫,作丈夫的应当有适当的生活表现,值得妻子去顺服他,使妻子主动乐意地去顺服他。照样,如果要丈夫爱妻子,妻子也应当有适当的生活表现,使丈夫主动乐意地去爱她。因此保罗这里对丈夫和妻子的吩咐,对两方面都是一个挑战,去追求更像新人的生活。

三20 "你们作儿女的,要凡事听从父母,因为这在主里是可喜悦的" 对父母不顺服是不信的人的罪,也是末世罪恶的一种现象。[40] 顺服父母是孝敬的表现,是基督徒应有的责任。保罗说要凡事听从父母,不是单单在自己喜欢的事上,或是对自己方便的时候,才听从父母。要听从父母是一个绝对的命令,因为这样作"在主里是可喜悦的"。这里保罗没有说父母的命令若与神的旨意相连时应当如何;整段教训是对

㊳ F. Blass and A. Debrunner,同前,p. 81 § 147.

㊴ W. Michaelis, "πικρός", *TDNT*, VI, 125.

㊵ 参罗一30;提后三2.

“作新人”的人说的，是对基督徒说的。既然是基督徒，是“在主里”的人，就应当作“在主里”应作的事。基督徒父母要想儿女听从他们，就不要吩咐儿女去作违反神旨意的事。

三21 *“你们作父亲的，不要激怒儿女，免得他们灰心丧志”* 这里的“父亲”应该是指“父母”说的，布鲁斯特别提出来，希伯来书第十一章第二十三节的“摩西的父母在摩西生下来以后……就把他藏了三个月”，原文是“摩西的父亲”。这里大概不是因为父亲的脾气不好，保罗才特别吩咐作父亲的。作父母的都应该留意不要激怒儿女，这样的过失，作父亲的和作母亲的都可能犯。“激怒”一字有时有好的意思，哥林多后书第九章第二节的“激励”就是这个字。用作不好的意思时，是指激动得太过分，使小孩子厌烦或产生反感。这种激动可能采取多种不同的形式，对小孩子的行为过分苛求，喋喋不休的责骂，当面对人讲论小孩子的错处，或者有意对小孩子的讥笑，这些行为都可能叫小孩子“灰心丧志”，使他们觉得没有盼望可以满足父母的要求，或者永远不能得到父母的了解，或者觉得自己远不如人。小孩子们灰心丧志，觉得没有盼望，可能在他们心理上造成永远的伤害。有时也许他们当面不表示什么，但在内心里却造成了伤害。

保罗接着讲到在当时的家庭生活中一个常见的问题：奴隶的问题。保罗在这里对奴隶的问题解释得特别详细，原因可能是因为有欧尼西慕在他们当中。欧尼西慕是腓利门家的奴隶，私自逃跑，遇见了保罗，因而信主了，现在保罗再打发他回到他原来的主人家去。这一件事引起了今天许多人的批评，奴隶制度很显然不合乎神的旨意；既然如此，保罗为什么不清楚地教训当时的基督徒？甚至可以告诉欧尼西慕不必回腓利门家去？或吩咐腓利门让欧尼西慕恢复自由？现在他打发欧尼西慕回他主人的家去，岂不是表示他也接纳或支持奴隶制度吗？因此罗仕说，教会并没有计划按着一定的标准来改变世界，只是按着当时的情形接纳世界的标准。[41] 我们只同意罗仕所说的一部分，教会没有按着一个固定的计划来改变世界，但是这并不表示教会接纳世界的标准。

㊶ E. Lohse，同前，p. 156.

社会上的确有许多与神旨意不合的事，是教会不能接纳的，但教会的目的并不是去改造社会；教会的使命是改变人的生命，使人相信耶稣。但这不是说教会不应当影响社会，或者不能影响社会；信耶稣的人，生命改变了，他的生活自然也会改变，基督徒的生活改变了，他们自然能够影响社会，改变社会。但教会的责任不是去直接改变社会的行事方法，或者去倡导社会革命。教会有责任教导基督徒应当如何生活，圣经上一切有关实际生活的教训都是向“在主里”的人讲的。成了基督徒，就应当按着基督徒的标准生活。教会给基督徒立下了生活的标准，要改正基督徒的生活；但教会却不吩咐世人按着教会的标准生活。有了基督徒生命的人才能过基督徒的生活。吩咐没有基督徒生命的人过基督徒的生活是没有意义的，教会的责任不是改造社会，而是改变人的生命，基督徒的生命改变了，他们的生活自然会影响社会。

奴隶制度是当时罗马社会中普遍存在的现象。保罗没有吩咐人直接废除这种制度，也没有叫作奴隶的基督徒去反抗，原因并不是怕这些奴隶获得自由以后，没有办法生活，或是会过更不好的生活，[42]乃是因为这不是他工作的责任，也不是教会的责任。教会的责任是教导基督徒走当走的路。保罗吩咐基督徒作奴仆的应当忠心，他也吩咐基督徒作主人的要公平待仆人。主人仆人两方面都有权利，也都有义务，这种看法是当时罗马社会中没有的。当时的人只把奴隶看作物件或产业，根本不将奴仆当作人看，基督徒却不应如此。基督徒作主人的和作仆人的“在主里”是平等的，因为信耶稣的仆人“不再是奴仆，而是高过奴仆，是亲爱的弟兄了”(门 16)。这样的标准远超过任何解放奴隶运动的人所行的。这是基督徒应持守的标准，有基督生命的人，如果都能按此标准生活，奴隶制度的问题自然就解决了。

三 22 “你们作仆人的，要凡事听从世上的主人” 这里的“仆人”是指奴隶，不是指作雇工的仆人，但是其中所讲彼此相处的原则，同样可以应用在今日主仆的关系上。“世上的主人”是与本节末了的“天上的主”相对的。原文是“肉身的主人”，但其重点不在“肉身”上有主权那

---

[42] F. W. Beare 认为在当时的社会制度之下，工作的机会不多，所以让奴隶全部得自由是行不通的，同前，p. 229.

一方面，所以译作“世上的主人”比较好。

“作事不要只作给人看，像那些讨人欢心的一样，却要以真诚的心敬畏主” “只作给人看”原文是一个名词，可能有两个意义：主人看见的时候，就忠心作，看不见就随随便便了；也可能是指单单作人看得见的工作，只洗“杯盘的外面”（太二十三 25）。[43] 按这里的原则看，两种解释的分别不大。以讨人的喜悦为原则，不是基督徒的仆人所应当行的。“以真诚的心”是单纯的心；为主人工作时，以单纯的心来作，不存其他目的或者动机。不是为了要得好处，为了加薪或升级，而是因为敬畏主，知道这是主所喜悦的，就按着主的心意去行。

三 23 “无论你们作什么，都要从心里去作，像是为主作的，不是为人作的” “从心里去作”的意思不是单单说用真诚的心去作，乃是尽心尽力地去作。[44] “像是为主作的”，这是应当尽力去作的理由。虽然是被强迫的，或是出于不得已去工作，但如果是“为主作的”，知道主在观察，作得好能叫主的心满足，那么辛苦的工作也会不觉得辛苦了。工作的态度会影响我们整个的工作，保罗这里的教训，就是要我们在这方面追求正确。

三 24 “因为你们知道，你们一定会从主那里得到基业为赏赐” 作奴隶的人在世间工作可能得不到报酬，但是“在主里”却必定会得赏赐，而且他们要得的赏赐是从主得的基业。这个应许特别有意义，奴隶根本不能得“基业”，但是“在主里”的奴隶也是神的后嗣，是与基督同作后嗣的。前面第一章第十二节说，所有属基督的人都有资格与众圣徒同享在光明中的基业。即使在今生为奴隶的，在光明中也要享受同样的基业。要得的基业就是从基督来的赏赐。

有人批评圣经太注重赏赐，近乎“功利主义”的思想；但正如穆尔所说，圣经上所说的赏赐永远是指基督徒与神的灵里的关系，[45]而不是物质的收获，这种赏赐和“功利主义”的思想刚好相反。

“你们应当服事主基督” “服事”一字是命令式，因为它与前面第

---

[43] 参见 C. F. D. Moule, *Colossians*, p. 130.

[44] 原文是ἐκ ψυχῆς，比较可十二 30 的“全性”ἐξ ὅλης τῆς ψυχῆς.

[45] C. F. D. Moule, *Colossians*, p. 131.

二十三节的“去作”是平行的，两个都是命令式；而且在下面一节有“因为”一字，解释此命令的原因。服事是指奴隶服事主人那样的服事。在肉身中有的基督徒是主人，有的是奴隶，但在“主基督”面前，我们都是祂的奴仆，都应当像奴隶服事主人一样地服事祂。保罗这里特别用“主基督”，基督是我们的主，就如同奴隶的主人一样。

三 25　“因为那不义的人，必按他所行的不义受报应”　这里经文没有说明“那不义的人”是什么人，有人认为是指奴仆说的，因为奴仆可能以为自己是奴仆，行事为人不由自主，所以犯了错也可以不负责任。保罗说不是这样，不论谁行不义都要受刑罚，因为“主并不偏待人”。[46]也有人认为是指主人说的，因为这段经文是讲主人和仆人的关系，主人恃着自己的身份，以为即使对待仆人有不恰当的地方都不要紧。特别是“主并不偏待人”这句话，他们认为用在主人的身上才有意义；人可能多注重人的身份，尊重身份高的人，轻看身份低的，但“主并不偏待人”，保罗说不论你的身份如何，行不义的，就要受刑罚。[47]两种解释都有理由，按文字和上下文的关系都很难判定“不义的人”到底是指谁说的。实际上两种意义可能都包括在里面了。作主人不能因为他是主人，就可以行不义而不受刑罚；同样，作仆人的也不能因为他是仆人，就可以行不义而不受刑罚。不论什么人，都不可以找任何借口，说他可以不必为自己的不义行为负责任。

“主并不偏待人”　此语原来的意思是“主不以面貌取人”，意思是主不会因着人外面的表现来决定如何对待他，“主并不偏待人”的翻译很恰当。人不可以因自己的身份，或任何其他身外的条件，盼望神特别优待他，神是绝对公义的，因此才有下面的教训。

四 1　“你们作主人的，要公平地对待仆人，因为知道你们也有一位主在天上”　保罗这里只用一句话讲出主仆关系的大原则，但此原则在今日可以同样应用。“待仆人”的“待”字是一个中间语态的动词，表示要从内心这样待人。“公平”原文是两个字“公正和平等”，或“正义和公平”。这是基督徒待人的标准，特别是对待奴仆或雇工。任何社会都

---

[46] E. F. Scott，同前，p. 81.

[47] T. K. Abbott，同前，pp. 285f.

有其对待奴仆或雇工的标准，基督徒不应当单以这些标准为满足，而应当以基本公平的标准相待，“因为知道你们也有一位主在天上”。在地上作主人的人，他们自己“也有一位主在天上”，他们盼望天上的主怎样待他们，就应当用同样的标准待他们在地上的奴仆。在内心的思想上，基督徒不应当有两个标准，不能用一种标准待别人，却盼望天上的主用另外一种标准待我们。天上的主待人是绝对公平的，因为“主并不偏待人”；世上的主人待奴仆如果有不公平的地方，他要向天上的主负责任，要按他所行的受报应。

(V) 最后的劝勉(四 2～6)

“你们要恒切祷告，在祷告的时候存着感恩的心警醒；也要为我们祷告，求神为我们开传道的门，宣讲基督的奥秘(我就是为了这个缘故被捆锁)，使我照着我所应当说的，把这奥秘显明出来。你们要把握时机，用智慧与外人来往。你们的话要常常温和，好像是用盐调和的，使你们知道应当怎样回答各人。”

讲完了基督徒家庭中彼此相待的原则以后，现在保罗要谈到整个教会生活中的责任。这段经文是对教会里每一个人讲的，是父母、儿女、主人、仆人都应有的责任。这段经文的教训非常实际，是基督徒生活中经常应当实行的，是基督徒生活中两方面的责任：对神——祷告警醒的生活，和对人——美好见证的生活。第二节讲到基本的祷告态度，第三节为一个特殊的需要代祷，第五至六节是基督徒在外人面前应有的表现。

四 2 “你们要恒切祷告，在祷告的时候存着感恩的心警醒” 祷告的生活有两个主要原则：感恩的心和警醒的灵。有感恩的心，祷告就不会变得枯燥乏味；有警醒的灵，祷告时就不会感觉疲乏困倦。“恒切祷告”的“恒切”是动词，意思是坚决地持守，绝不放松，译作恒切、恒久或迫切都很恰当。全句的意思是：“你们在祷告的事上要恒切”。“感恩”在书信中常和祷告联到一起，信徒来到神面前祷告的时候，自然就会想到神的恩典，因而有感恩的心。基督徒祷告的时候不单要存着感恩的心，更要“警醒”。有警醒的心，不单使我们不至忽略祷告，而且在祷告的态度或方式上，也不至于疏懒随便。要警醒不让别的事情分散我们的心,祷告的时候心不在焉是基督徒的一个极大的试探;同时也要警醒留意,不要忽略神的恩典,以致于忘了神的恩典,而在祷告的时候没有感恩的心。另一方面,警醒也可能是指警醒等候基督再来。基督再来的时间和日子没有人知道,所以我们属基督的人应当警醒等候祂再来。耶稣的教训曾多次提到这事。[48] 有真正的警醒,自然能加强我们祷告的心。

四 3 “也要为我们祷告” 这里的“我们”包括提摩太,也可能还包括亚里达古、马可等(四 10)。保罗吩咐他们为他和他的同工祷告。虽然歌罗西的教会没有见过保罗的面,他的同工也不是歌罗西教会的人,他们作的工作也不是歌罗西教会的工作,但他们仍有责任为保罗和他的同工祷告。保罗藉着这样的吩咐,给歌罗西教会的教导非常宝贵,让他们知道自己有责任和所有神的仆人一同为福音努力。

“求神为我们开传道的门,宣讲基督的奥秘(我就是为了这个缘故被捆锁)” 保罗所求的是神给他有传福音的机会,在哥林多书里也同样将传福音的机会比作传道的门(林前十六 9)。保罗当时在罗马坐监,他的行动自然受限制;如果他得到释放,自然有更多的机会传道。但另一方面,保罗所求的也许不是从监狱得释放,就是在监牢里也可能多有机会传神的道,使徒行传的末了就记载着保罗怎样在监狱里得了传道的门(徒二十八 30～31)。“基督的奥秘”就是外族人得救的福音。[49] 保罗坐监就是为了传福音的缘故,如果他传的是犹太教的信仰,不是外族人得救的福音,很可能他根本就不需要坐监。但值得注意的是,他虽然为此被捆锁,他仍然求神为他开门去传此福音。

四 4 “使我照着我所应当说的,把这奥秘显明出来” “照着所应当说的”可能是指传讲的方式,按着正确的方式讲论,也可能是指他的责任,传讲就是他的责任,是他应当作的。实际上两方面的意义都可能存在。[50] 保罗知道,将福音的奥秘“显明出来”是他的责任,他不能不

---

[48] 参太二十四 42f.;可十三 33、37.

[49] 参见前面西一 26 的解释,pp. 60ff.

[50] 在 Arndt and Gingrich 的 *Lexicon* 里所列 δεῖ 的六种意义之中,只有一种是指“正确的方式”,其他五种都是指需要或者责任。

作；所以他求神使他能清楚地讲解，真正能将福音解释得明白，他要完成他的责任，也要作得好。

四5 “你们要把握时机，用智慧与外人来往” “把握时机”很难翻译，“把握”原文的意思是“买”或“抢购”，如同把比较缺少的货物尽量买来。“时机”是一个特别恰当的时间，失掉就不容易再找到了。马太福音第十三章第四十六节说，“他发现了一颗极贵重的珍珠，就离去，变卖了他的一切，来买那颗珍珠。”今天的每一个机会都好像一颗重价的珍珠，要不顾代价地买来。教会处在一个特别的时代，基督再来的日子近了，要尽量地利用机会把神的道告诉身边的人，因为机会失掉就不能再得回来。在以弗所书第五章第十六节保罗说，“要把握时机，因为这时代邪恶”。每一分、每一秒都是宝贵的，要把握时机作荣耀神的事，时机若是失去，甚至落在恶者的手中，就成了恶者的机会。

如果要能“把握时机”，好好利用，基督徒需要“用智慧与外人来往”。这句话至少显明两件事。首先基督徒的生活不是与世隔离的。“外人”是没有信基督的人，信了以后就不再是外人了。信了基督的人仍要与“外人”一起生活，基督徒永远也不能脱离他生活的环境，不能过出世的生活。所以我们在生活中要顾及外人，要与外人来往。另一方面，这句话也显出基督徒的生活是一个重要的见证；“外人”信基督与否，很多时候就看基督徒的生活见证是否够好。不信的人不能用肉眼看见基督，不能领会教会所讲的道理，但他们却能看见基督徒的生活。基督徒的生活往往比传道人所讲的道影响还大，因此基督徒与外人来往的时候需要有智慧。基督徒在生活中要有像神的好行为，在把神的道告诉人时，不要单单顾及不信的人的灵魂，而在物质或生活上不伸出援手。基督徒和不信的人来往的时候，要有“属灵的智慧悟性”（一9）。

四6 “你们的话要常常温和” “温和”一语原来的意思比现在的“温和”要广阔，路加福音第四章第二十二节耶稣口中的“恩言”和这里的字意义差不多。有恩典的言语是温和、包容、庄重、不刻薄、有涵养，叫人听了感到舒服，不会引起人的反感，不会造成尴尬的局面，可以说是“有风度”的话。[51] 基督徒的言语温和、有风度,就容易使外人乐于聆听。

“好像是用盐调和的” 食物没有盐很难下咽(伯六6)。味道调得好的食物,人总是喜爱吃,觉得是享受;没有盐的食物则平淡无味。基督徒的谈话也要如此,不单内容要充实、正确,更要动听,叫人喜欢听,听了觉得是一种享受。基督徒难与人相处,很多时候是为了言语的缘故,他的见证也因此很难使人接纳。另一方面,盐有防腐的作用,有了盐,食物中腐坏的力量就不能发生作用,照样基督徒的言语用盐调和,就不应当有不造就人、甚至妨害人灵命健康的言语存在。保罗在别处吩咐基督徒说,“一句坏话也不可出口,却要适当地说造就人的好话”(弗四29),“至于淫乱和任何污秽或贪心的事,在你们中间连提都不可提,才合圣徒的体统。更不要讲淫秽和愚妄的话,或下流的笑话,这些都与你们不相称”(弗五3～4)。

“使你们知道应当怎样回答各人” 基督徒应当知道怎样回答“各人”。不信的人都各有不同的需要,他们的需要或问题是具体的,基督徒的答案也应当同样地具体,每个答案都应当与发问的人的个性、背景、困难的性质相符合。要能这样回答各人,单有一套理论不够,还必须用工夫去明白发问的人的需要。另一方面,基督徒不知道什么时候需要回答不信的人的询问,甚至有时在他们毫无准备的时候,从他们随便的谈话中,或从他们的行为中,不信的人在找答案。如果他们得到的答案不能使他们满足,可能就失掉一个见证的时机,因此保罗在上一句说,“你们的话要常常温和”,如果平时常常练习说话温和,在必要的时候,甚至在自己不留意的时候,就不致于给不信的人有错误的答案了。同样使徒彼得也勉励我们说,“常常作好准备,去回答那些问你们为什么怀有盼望的人”(彼前三15)。

保罗勉励我们要在言语上小心,好像言语是见证中唯一重要的事,但实际上言语是内里生命的表记。心灵中的智慧、言语的温和,这些美德都是必须先有生命里面的性质,才能在生活中表达出来。

---

[51] 原文是ἐν χάριτι,英文可译作 with grace 或 with graciousness. Graciousness 和 grace 是分不开的,这里很多人都解释作 gracious,如 C. F. D. Moule 及 R. Martin; T. K. Abbott 则译作 with pleasingness.

陆 结语（四 7～18）

按保罗写书信的习惯，在结束时，他总是写一些比较私人性的问候语。歌罗西书中这一段问候的话，比他同时写的另外几封书信的问候语都长，原因可能是因为保罗没有见过他们的面，又因为他在前面写了许多严厉的话，藉着末了问候的话，使歌罗西的教会更知道他对他们的关心和爱心，叫他们更容易接受他的教训。第七至九节介绍替他带信的两个人，第十至十四节是保罗的同伴问候歌罗西教会的话，第十五至十七节是保罗问候教会一些人的话，最后第十八节是保罗的签名和祝福的话。

“我的一切景况，推基古会告诉你们。他是我亲爱的弟兄，是在主里忠心的仆役，也是同作仆人的。我派他到你们那里去，使你们知道我们的景况，并且安慰你们的心。他是跟欧尼西慕一同去的。欧尼西慕是忠心亲爱的弟兄，是你们那里的人。他们会把这里的一切告诉你们。

“与我一同坐监的亚里达古，和巴拿巴的表弟马可，问候你们。（关于马可，你们已经受了吩咐：他若到你们那里，你们要接待他。）别号犹士都的耶数，也问候你们。在受过割礼的人中，只有这几位是为神的国与我同工的，他们也成了我的安慰。以巴弗问候你们，他是你们那里的人，是基督耶稣的仆人；他祷告的时候，常常竭力为你们祈求，好使你们完全站稳在神的一切旨意上，满有坚定的信念。我可以为他作证，他为了你们和在老底嘉、希拉波立的人，多受劳苦。亲爱的路加医生和底马问候你们。请问候在老底嘉的弟兄和宁法，以及在她家里的教会。这封信你们宣读了以后，也要交给老底嘉的教会宣读；你们也要读老底嘉的那封信。你们要对亚基布说：你要留心在主里领受的职分，好把它完成。

“我保罗亲笔问候你们。你们要记念我的捆锁。愿恩惠与你们同在。”

四 7 “我的一切景况，推基古会告诉你们” 这里的话和以弗所书第六章第二十一节论到推基古的话差不多一样，很显然的是推基古把这封书信和以弗所书带到这两地的教会去，很可能同时也带了给老底嘉教会的书信去。推基古是亚细亚省的人，保罗结束第二次国外布道旅程时，带着亚细亚及希腊各地教会的奉献去耶路撒冷，这些地方的教会曾派了一些代表和保罗同去，推基古就是这些代表中的一个。[①] 保罗晚年时，提多在克里特岛工作，保罗想见提多，就差遣推基古往克里特岛代替提多的工作(多三 12)。同样，保罗需要提摩太的时候，他差遣推基古往以弗所代替提摩太工作(提后四 9、12)。从这些安排可以看出保罗对推基古的信任。推基古是一个可靠的人。他带着保罗的书信回到亚细亚省去，但信中写的只是有关信仰和教会生活的问题，没有讲到私人的问题。歌罗西教会的人可能很想知道保罗的情形，特别是保罗被囚在监牢里面的情况，推基古要口头上告诉他们。

“他是我亲爱的弟兄，是在主里忠心的仆役，也是同作仆人的” 在介绍推基古的时候，保罗用三句推荐的话，他是一个弟兄、是仆役、是仆人。“他是我亲爱的弟兄”，这话显出推基古和弟兄姊妹的关系，他是保罗亲爱的弟兄，不是单单保罗对他有爱心，而是在他本人的性格里，与教会的肢体有亲爱的关系。在福音书中“亲爱”一字只用在耶稣身上，“这是我的爱子”(太三 17)这句话不单显出耶稣和天父的关系，也显出祂生命的性格。这里用在推基古身上的是同一个字。

“在主里忠心的仆役”一语中的“忠心”应该和“在主里”联在一起用，是形容“仆役”和“仆人”两个名词的，作仆役和作仆人都是指“在主里”的关系。推基古是个忠心的基督徒；在作基督徒的责任里，他是个忠心可靠的人。“仆役”和第一章第二十三节所用的是同一个字，有时是指一种服事的责任，有时是指教会里的一种固定职责，可译作“执事”。这里是指推基古服事保罗的工作，而不是指推基古在教会里的职

---

① 参徒二十 4；林前十六 1～4.

责，因此译作“仆役”，而不作“执事”。[②] 推基古把服事保罗看为从神领受的一个特别的托付，就在此工作上忠心去作。

“同作仆人的”一语中的“仆人”原文是“奴仆”，是指事奉神的人和基督耶稣的关系。保罗和推基古都是基督耶稣的奴仆，前面第一章第七节保罗称以巴弗是和他“同作仆人的”，一同站在奴仆的地位去传福音，作服事祂的工作。按这里的用法，“仆役”只是讲到工作方面，“仆人”则代表一种身份，一种地位上的关系，基督徒要互作仆役，彼此服事，但他们只作“主的仆役”。

四8 *“我派他到你们那里去”* 推基古受了特别的差遣，不单为保罗送信，并且“使你们知道我们的景况，并且安慰你们的心”。因为他是“主的仆役”，他不单要传达保罗的信息，更要用神的话勉励他们。歌罗西的基督徒有可能因为保罗受的痛苦而难过，或者因保罗责备他们的话而难过；但更可能的是因着错误的教训，他们需要教导、勉励，使他们能站立得稳，所以这里勉励的意思多过安慰的意思。

四9 *“他是跟欧尼西慕一同去的。欧尼西慕是忠心亲爱的弟兄，是你们那里的人”* 前面在绪论中已经略略提过欧尼西慕。[③] 这里特别值得注意的是保罗对他的称呼。他本是奴隶，现在是弟兄；本是从主人家逃跑的，现在是忠心的。作为一个奴隶，歌罗西教会的人不会有人认识他，即使认识，也只知道他是一个逃跑的奴隶，和他们没有关系；现在保罗盼望他们把他当弟兄一样地接待他，又称他为“你们那里的人”，这句话和第十二节形容以巴弗的话一样，以巴弗是他们的牧人，是教会的领袖，现在保罗用同样的话来形容他们两个人。“你们那里的人”原文是“你们中间的一个人”，可能就是说欧尼西慕是歌罗西人，但也可能是强调说他是你们中间的一个，和你们完全一样，完全平等。这样称呼一个奴隶，在当时的社会是一件不可想像的事，只有在教会里面才能够

---

② R. Martin 认为这里不应当解释作执事的职位，因为歌罗西在教会发展的过程中还太早，教会中还没有执事的职位，同前，p. 141. E. Lohse，同前，p. 171 有同样的看法。这样的解释似乎没有必要，因为腓立比书第一章第一节的“执事”很显然是指教会的一个职位，而腓立比书和歌罗西书差不多是同时写的。我们同意在这里“仆役”一语不是指执事的职位，但是为了不同的原因。

③ 参前面绪论，pp. 13f.

发生。这是在基督里面的功效,不论过去的背景怎样,"在主里"的人都成了亲爱的弟兄,一切社会阶级、文化背景的分别都消失了。

"他们会把这里的一切告诉你们"　推基古和欧尼西慕同是"告诉你们知道"的主词,一个奴隶现在成了保罗的代表和发言人,要去将保罗的情形告诉歌罗西的教会。

下面第十至十四节是保罗在罗马的同伴问候歌罗西教会的话。这里所提的人显然都是歌罗西教会熟悉的人,藉此也可以使保罗和教会的关系更加亲近。

四 10　"与我一同坐监的亚里达古,和巴拿巴的表弟马可,问候你们"　亚里达古是帖撒罗尼迦人(徒二十 4),保罗在第三次国外布道旅程中,在亚细亚时他曾和保罗在一起,结果在以弗所的暴动中被捉去(徒十九 29)。后来保罗往耶路撒冷送捐款时,他大概是马其顿所派的代表之一,曾和保罗同去。保罗从叙利亚坐船往罗马,他和保罗同船(徒二十七 2f.),可能和保罗一同到了罗马。蓝赛认为他是作保罗的奴仆一路服事他,④但莱特弗特认为亚里达古中途回帖撒罗尼迦去了,后来又到罗马去陪伴保罗。⑤

亚里达古现在与保罗一同坐在监牢里,"坐监"一词原来的意思是"作为战俘",保罗是为福音的缘故坐监的,把自己看为"战俘"也很合理。按蓝赛的看法,亚里达古从叙利亚一路服事保罗到罗马,现在和保罗一同坐监,也是为服事他。腓利门书第二十三节说以巴弗也和保罗一同坐监,可能这三个人同时一起坐监,但也可能是亚里达古和以巴弗轮流作保罗的仆人,与他一同坐监,为要服事他。

"巴拿巴的表弟马可,问候你们"　保罗介绍马可的时候,特别说出他和巴拿巴的关系,大概是因为歌罗西的教会认识巴拿巴。译作"表弟"的字很难确定它所代表的关系,因为西方国家对这种亲戚关系,不像中国人分得那么清楚。他们用同一个字来称呼叔堂表兄弟姐妹等;

---

④ Wm. Ramsay, *St. Paul the Traveller & Roman Citizen*, London: Hodder & Stoughton, 11th ed, 1895, pp. 316ff.

⑤ J. B. Lightfoot, *St. Paul's Epistle to the Philippians*, Grand Rapids: Zondervan, 1953 rep. of the 1913 ed., p. 35.

甚至较远的叔伯侄等，也都用同一个字。这里译作表弟可能是最恰当的译法。有人认为巴拿巴和马可的母亲马利亚（徒十二 12）是兄妹或姐弟，但没有任何证据支持这种解释。

在写此书信的十多年前，保罗开始他第一次国外布道旅程时，马可和巴拿巴与他同去，但马可中途离开了保罗，因此保罗对他很失望。后来经巴拿巴的教导带领（徒十五 39），也可能是得了彼得的帮助（参彼前五 13），马可的生命一定有了很大的改变。这时马可刚好在罗马，预备到亚细亚去，保罗在此书信中推荐他。

“（关于马可，你们已经受了吩咐：他若到你们那里，你们要接待他）” 歌罗西的教会什么时候受了吩咐要接待马可？有人认为有关心马可、且受歌罗西教会尊重的人，例如彼得或巴拿巴，曾写信给他们推荐马可，[⑥]保罗只是加上这句话，表示他支持他们的意思。又有人认为以巴弗曾写信给教会，在信中推荐马可，现在保罗写的话是按着以巴弗的意思，因为保罗这样表示赞成推荐马可的话，就表示他也支持以巴弗的整封信。[⑦] 但最自然的解释，还是保罗自己以前曾如此吩咐过歌罗西的教会。[⑧] 虽然这封书信可能是保罗第一次写给歌罗西教会的信，但可能事前他会藉着别人口头上吩咐过他们。这样重复的吩咐更有力量，也更有意义。这些教会可能都知道马可中途离开保罗和巴拿巴的事。马可年轻的时候，或者因为不能忍受劳苦，或者因为缺乏责任心，中途失败了；后来他的生命改变了。再迟一点保罗说马可“在圣工上对我有益”（提后四 11）。现在保罗自己一再地吩咐他们要接待马可，更加有意义。

四 11 “别号犹士都的耶数，也问候你们” “犹士都”是罗马人中普通的名字，新约除这里以外，另有两次见过此名，使徒行传第一章第二十三节及第十八章第七节。此名的意思是“义者”。按新约的用法，很可能是姓氏，而不是别号；但也可能是个别号，如同耶稣的兄弟被初期教会称为“义者雅各”。“耶数”和“耶稣”是同一个字，是当时犹太人中常

---

⑥ F. W. Beare，同前，p. 236.

⑦ E. F. Scott，同前，p. 89.

⑧ 如 J. B. Lightfoot，同前，pp. 237f.

见的名字。到主后第二世纪就渐渐少见了,原因可能是为避免涉入犹太人的会堂与教会间的冲突,[9]但更可能是渐渐人都知道教会尊耶稣为主为神,所以信的和不信的人,为了不同的原因都避免再用此起名。

除了这里,圣经上再没有关于耶数的资料了。

“在受过割礼的人中,只有这几位是为神的国与我同工的,他们也成了我的安慰” “神的国”一词在书信中不常见,在这里的用法应该是很普通,与“福音的工作”没有多大分别,而不是特别指向犹太人传福音。[10] 保罗在工作中经常受犹太人的反对和攻击,这次在罗马坐监也是因为受犹太人的控告,因此现在有三个犹太人在福音的工作上和他同工,使他心里特别得安慰。这并不是说当时和保罗同工的只有这三个人,而是说他的同工中间只有这三个人是犹太人;这件事使他心里得到安慰。

四 12 “以巴弗问候你们,他是你们那里的人,是基督耶稣的仆人” 以巴弗是歌罗西人,可能是最先在歌罗西传福音的人,也是歌罗西教会的牧人。[11] 他和保罗一同作耶稣基督的仆人,这时和保罗一同在监牢里(门 23)。以巴弗的情形大概和亚里达古的情形一样,为了要服事保罗,主动地和保罗一同坐监。

“他祷告的时候,常常竭力为你们祈求” “竭力”和第一章第二十九节的“劳苦”是同一个字,是这句话中主要的字;这字是个分词,用来形容全句的主词以巴弗。祷告祈求在原文是名词加上前置词,用来形容“竭力”的,[12]意思是“以巴弗在祷告的事上常常为你们竭力劳苦”。祷告是与神交通,是灵里的一种享受,但同时祷告也是一种“竭力劳苦”的工作。在心灵里有挣扎的时候,或是为了别人的困难代求的时候,或者藉着祷告要抵挡邪恶的势力的时候,祷告就成了一场争战,需要用尽

---

⑨ W. Foerster, “Ἰησοῦς”, *TDNT* iii, p. 286.

⑩ R. Martin,同前,p. 143. 认为这几个受过割礼的人特别在传福音给犹太人的工作上成为保罗的帮助,意思是说神的国是指以色列人中相信福音,接受基督为他们的弥赛亚的人。但是他没有举出足够的理由来支持他的解释。F. F. Bruce,同前,p. 206,说在保罗书信中“神的国”常指在来世神的国度的显现,而不是今世的表现,但同时他又举出罗十四 17 的用法,“神的国不在于吃喝,而在于公义、和睦以及圣灵里的喜乐”,显明神的国也是今天的事实。在这里不必勉强找一个特别的解释。神的国就是指福音的工作来说的。

⑪ 参前面绪论,p. 6.

⑫ 是一个前置词短语作副词用。

所有的力量，努力地去作战。特别在这里，歌罗西教会面临着异端的试探，我们可以想见以巴弗心中的焦急，他一定是竭力地为他们祷告。

“好使你们完全站稳在神的一切旨意上，满有坚定的信念” 以巴弗为歌罗西教会祷告的中心是要他们完全站稳，又在神的一切旨意上有坚定的信念。“完全站稳”一语有两种可能的解释，可以用“完全”来形容“站稳”，但也可用“完全”来形容站稳的主词，就是“你们”，“使你们成为完全，站立得稳”。按第二种解释，用“完全”形容“你们”，就有“成熟”的意思。[13] 作成熟的人站稳立场，不要被新的理论摇动。“在神的一切旨意上，满有坚定的信念”，意思是很肯定的，心悦诚服地相信神的一切旨意都是最美、最好的。对歌罗西的信徒来说，在生命上长大成熟，坚定行在神的旨意中是多么重要的事。由此看出以巴弗的祷告极其肯定，极其具体。

四13 “我可以为他作证，他为了你们和在老底嘉、希拉波立的人，多受劳苦” 以巴弗不单关心歌罗西的教会，也关心老底嘉和希拉波立的教会，因此有人认为这两个地方的教会也都是他建立起来的。这里用的“劳苦”和前面第一章第二十九节的字不同。这里的劳苦是指体力方面辛勤工作的劳苦，保罗没有讲明以巴弗怎样多受劳苦，或者受的是什么劳苦。有人认为这一带地方刚刚发生过地震，遭受了很大的损失，以巴弗到罗马去筹募重建的款项，[14]但更可能是为了抵挡异端的教训，以巴弗来到罗马向保罗求教，这样长途跋涉是劳苦的工作。在纷争最厉害的时候，以巴弗离开了歌罗西，这里保罗向歌罗西人保证说，以巴弗不是逃避困难，而是为他们更多受劳苦。[15] 他所作的都是为了这些教会的好处。

四14 “亲爱的路加医生和底马问候你们” 路加是路加福音和使徒行传的作者，按传统他是安提阿人，大概是新约作者中唯一的非犹太人。这里保罗特别提出他是医生，莱特弗特认为这样的称呼显明在往罗马的旅程中，保罗曾有身体上的软弱，所以路加跟他在一起，一路

---

[13] 参前面西一28的解释，p. 64.

[14] E. F. Scott，同前，p. 91.

[15] R. Martin，同前，p. 145，特别提出保罗怕歌罗西教会中有人误会以巴弗。

照顾他直到罗马。但马丁则认为保罗说他是医生，只是因为他的职业比较特殊。在腓利门书只称他为“我的同工……路加”(24 节)。根据使徒行传第二十七、二十八章的记载，保罗被解去罗马受审时，路加一直和他同在，与这里保罗的话很符合。后来保罗被释放，到他第二次在罗马坐监的时候，路加又曾去罗马陪伴他。在提摩太后书第四章第十一节保罗说，“只有路加在我这里。”

“*亲爱的*”一语，严格说来，在构造上并不是与“医生”联到一起用的，而是独立的，所以我们可以解作“我亲爱的弟兄，路加医生”，这句话就显出保罗和路加“在主里”作同工的关系，而不是因为路加是医生，所以和保罗特别亲近。

关于底马的事我们知道得很少，按文法的构造，前面“亲爱的”一语只是用在路加身上，并不包括底马；这样的用法更加值得注意，保罗刚刚称路加为“亲爱的”，但提到底马时，就只称他的名字。在腓利门书，保罗也称他为同工。在提摩太后书第四章第十节说他因为“贪爱现今的世界”，就离弃了保罗，回到帖撒罗尼迦去了，因此有人认为他是帖撒罗尼迦人。底马晚年变节，可能早已有了一些迹象，所以保罗这里对他没有任何称赞的话。

下面的三节圣经是保罗自己请歌罗西的教会代他问候老底嘉的教会及个人的话语。

四 15 “*请问候在老底嘉的弟兄和宁法，以及在她家里的教会*” 老底嘉在歌罗西的西北，约有十七、八公里，两城距离不远，两个城的人一定有很多来往；特别是如果两地的教会都是以巴弗建立的，或者以巴弗是两地教会的牧人，那么两地教会的来往一定更加密切了。宁法大概是老底嘉教会的一位姊妹，整个老底嘉的教会，或者老底嘉的一个教会，在她家里聚集。[16] 在初期教会，在一位姊妹的家里聚会大概是常有的事。腓立比的教会最早大概是在吕底亚的家里(徒十六 40)，耶路撒冷的教会早期可能是在马可的母亲马利亚家里(徒十二 12)。

---

[16] 有人将宁法解释作男人的名字。按字的构造来说，是男人名或女人名，两者都有可能，J. H. Moulton 认为是女人名字，*Grammar*, I, p. 48; A. T. Robertson 认为是男人名字，*Grammar*, p. 172. 这里我们把她当姊妹解释，因为“她家里”的“她”字是女性。

对于早期教会在信徒家庭中聚集的情况，我们知道的不多。为了实际的需要，因没有一个作礼拜堂的建筑物可以使用，又为了聚集的方便，初期的教会大概都是在家庭中聚集；罗马书第十六章第十至十六节、第二十三节，哥林多前书第十六章第十九节都提到这样的教会。这是个历史事实，但我们不能从此事实推论说，神在教会中的计划就是如此，或者说保罗教导的方式就是如此。有正式礼拜堂的大教会，或在家庭中的小教会，两种形式各有各的好处。在家庭中的聚会人数少，容易有深入的交通，但在较大的礼拜堂里的聚会，更容易使聚会的人领会团体敬拜的真正意义。

四16 “这封信你们宣读了以后，也要交给老底嘉的教会宣读” 关于初期教会敬拜的方式，我们知道的不多。这里保罗的吩咐显然是叫他们在敬拜的时候，将他的信宣读出来。可能保罗一向都是这样计划的，把他的书信当作一个教导的工具，让教会在公开聚会时读出来（参帖前五27）。同时，保罗大概在写信的时候就计划他的信要轮流在各教会中诵读；甚至有些人会抄录这些书信，好更容易传递。教会从开始就将使徒的书信看成特别有权威的文件，这样的看法也就成了以后正典形成的一个因素。

“你们也要读老底嘉的那封信” 对于“老底嘉的那封信”是什么信，有很多种不同的解释，⑰最可靠的解释是指保罗写给老底嘉教会的信。保罗盼望歌罗西教会把他写给老底嘉教会的信拿来读，⑱而不是指老底嘉教会写给保罗的信。若是如此，这封信到哪里去了？有人认为就是今天圣经中的以弗所书；他们认为以弗所书本是一封写给亚细亚各教会的公开信，现在该信传到了老底嘉，歌罗西人也要将此信拿来读。⑲ 有人认为是腓利门书，⑳也就是假设腓利门是老底嘉人。但最好

---

⑰ 参 J. B. Lightfoot, *Colossians*, pp. 274 – 300.

⑱ 参 Blass-Debrunner，同前，p. 225，§437，τὴν ἐκ Λαοδικείας = the one that is at Laodicea.

⑲ J. B. Lightfoot, *Colossians*, p. 244.

⑳ E. J. Goodspeed, *An Introduction to the New Testament*, Chicago: University of Chicago Press, 1937, p. 112; John Knox, *Philemon among The Letters of Paul*, New York: Abingdon Press, rev. ed. 1959.

的解释大概是这封老底嘉书信没有包括在圣经里面。布鲁斯认为这封书信在圣经正典成立以前就失落了。司徒豪斯则认为可能因着内容的性质,没有必要放在圣经里面,[21]现在该书信已失存了,如今次经里面的老底嘉书显然不是原来的书信。

四17 “你们要对亚基布说” 为什么保罗没有直接吩咐亚基布,而要歌罗西的教会吩咐他?一个可能的原因是亚基布不在歌罗西;但从腓利门书第二节来看,他好像是腓利门家里的人,这样他应该会在歌罗西。另一个可能的理由大概是保罗认为透过教会的嘱咐,会更加有力量;[22]特别在完成他的职分时,亚基布如果需要使用权柄,保罗这里的吩咐会更有帮助,使亚基布容易执行他的职责。关于亚基布的事,我们知道的不多,只在这里和腓利门书第二节提到他,他是和保罗一同传福音的人,很多人认为他是腓利门的儿子。

“你要留心在主里领受的职分,好把它完成” 这里用的“职分”和第一章第七节等处的“仆役”是出于同一字根,意思就是一种服事的工作。我们不知道亚基布领受的是什么职分;按这里句子的构造,保罗强调“职分”,所以这里所指的可能是一个特别的职分,特别分派给他的。有人认为在以巴弗去罗马探望保罗的日子,亚基布负责牧养歌罗西的教会。[23] 如果亚基布牧养教会,保罗吩咐教会告诉他留心他的工作,似乎很特别;但如果当时他只是个年青人,特别如果他是腓利门的儿子,可能有些事是他当行的,却觉得不好意思去行,现在保罗吩咐他要完成他的职分,而且这样的吩咐要公开宣布出来,更可以加强他的力量。

四18 “我保罗亲笔问候你们” 很多时候保罗的书信是由书记或别人代笔写成的。[24] 有时信的结尾由代笔人自由来写,如罗马书第十六章;也有时保罗要亲自写几句话,好像亲笔签上名字一样,如加拉太书第六章第十一节至十八节,帖撒罗尼迦后书第三章第十七节。这样可以显出书信的真实,同时也可以加强书信本身的权威。虽然有的

㉑ F. F. Bruce, *Colossians*, p. 310 及同页 note 52.

㉒ 参 J. B. Lightfoot, *Colossians*, p. 244.

㉓ E. Lohmeyer, *Op. Cit.*, *ad. loc.*

㉔ 参罗十六 22;加六 11.

信没有这样的话，如以弗所书，腓立比书，甚至哥林多后书等，但很可能都是同样有人代他写的。

“你们要记念我的捆锁” “记念”一语不是现今基督徒所惯用的意思，只是为他代祷而已；这里保罗是提醒他们要记得他被捆锁的意义。保罗提到他的捆锁，并不是盼望他们给予同情。他被捆锁是为了福音的缘故，如果在福音上肯妥协，他就不必坐监了；现在他为福音的真理，宁可坐监，这样一方面叫歌罗西人看出福音的重要，另一方面也显出他有权柄来吩咐他们，他们也有责任来听从他的吩咐。他是为福音被捆锁的人。

“愿恩惠与你们同在” 极其简单的一句问安的话，在提摩太前后书等几本较晚的书信中，保罗都是用很简短的问安的话。这一句话和第一章第二节好像把本书连到一起了。虽然歌罗西的教会面临极大的考验，但保罗满有信心，相信他们必蒙保守，因为有神的恩典与他们同在。

参考书目

中文书目

《宗徒经书》(下册),香港:思高圣经学会译释,1961。
陆德礼:《歌罗西书注释》,香港:证道出版社,1953。
陈终道:《腓立比、歌罗西、腓利门书讲义》,香港:宣道书局,1976。
《圣经》(吕振中译),香港:香港圣经公会,1970。
《圣经辞典》,香港:思高圣经学会编著,1974。
《新约全书》(新译本),香港:中文圣经新译委员会,1976。
《新旧约全书》(文理串珠),台湾:中华民国圣经公会,1975 年重印,1920。
《新旧约全书》,香港:香港圣经公会,1958。

英文书目

Abbott, T. K. *Critical and Exegetical Commentary on the Epistles to the Ephesians and to the Colossians*, I. C. C. Edinburgh: T. & T. Clark, 1953.

Alford, Henry. *The Greek Testament*, in 4 vols., Vol. 3 Gal. — Philm. Boston: Lee and Shepard, Publishers, 1881, new edition.

Anderson-Scott, C. A. *Christianity According to St. Paul*. Cambridge: The University Press, 1927.

Andrew, Ellias. *The Meaning of Christ for Paul*. New York: Abingdon Press, 1949.

Arndt, W. F. & Gingrich, F. W., tr. & ed. *A Greek-English Lexicon of the New Testament and Other Early Christian Literature*, based on W. Baur's Griechsch deutsches Wörtbuch zum den Schriften des Neuen Testaments und der übrigen Urchristlichen Literatur, 4th ed. Chicago: University of Chicago Press, 1957.

Beare, F. W. "Colossians", *The Interpreter's Bible*, in 12 vols. Vol 11. New

York: Abingdon Press, 1955.

Bengel, J. A. *The New Testament Word Studies* (formerly *Gnomon Novi Testamenti*), Grand Rapids: Kregel Publications, 1971 rep., 2 vols.

Blass F. & Debrunner A. *A Greek Grammar of the New Testament and Other Early Christian Literature*, tr. & rev. by Robert W. Funk. Chicago: University of Chicago Press, 1961.

Brown, Colin, ed. *The New International Dictionary of New Testament Theology*, 3 vols. London: The Paternoster Press, 1975 - 1978.

Calvin, J. *Epistles of Paul the Apostle to the Gal. Eph. Phil. and Colossians*, tr. by T. H. L. Parker, ed. by D. W. Torrance & T. F. Torrance. Grand Rapids: Wm. B. Eerdmans Publishing Co., 1965.

Carson, H. M. *The Epistles of Paul to the Colossians and Philemon*, Tyndale N. T. Commentaries. London: The Tyndale Press, 1960.

Cremer, H. *Biblico-Theological Lexicon of New Testament Greek*, 4th enlarged ed. New York: Charles Scribner's Sons, 1895.

Cullmann, Oscar. *The Christology of the New Testament*, 2nd Eng. ed. London: S. C. M. Press, 1963.

—— *The Earliest Christian Confessions*. London: Lutterworth Press, 1949.

—— *Early Christian Worship*, Studies in Biblical Theology, No. 10. London: S. C. M. Press, 1966.

Davis, W. D. *Paul and Rabbinic Judaism*. London: S. P. C. K., 1948.

Denny, James. *The Death of Christ*, ed. by R. V. G. Tasker. London: The Tyndale Press, 1952.

Dodd, C. H. *The Epistle of St. Paul to the Romans*, Moffatt New Testament Commentary. London: Hodder & Stoughton, 1932.

—— *New Testament Studies*. New York: Charles Scribner's Sons, 1952.

Douglas, J. D. *The New Bible Dictionary*. London: Inter-Varsity Press, 1974 rep.

Duncan, George S. *St. Paul's Ephesian Ministry*. New York: Charles Scribner's Sons, 1930.

Eadie, John. *Commentary on the Epistle of Paul to the Colossians*. Grand Rapids: Zondervan Publishing House, 1957 rep. of the 1856 ed.

Ellicott, C. J. *A Critical and Grammatical Commentary on St. Paul's Epistles to the Philippians, Colossians and to Philemon*, with a revised translation, 2nd ed., rev. & enlarged. London: Parker, Son, and Bourn, 1861.

Geldenhuys, Norval and Stonehouse, Ned B. *Supreme Authority*. Grand Rapids: Wm. B. Eerdmans Publishing Co., 1953.

Goodspeed, E. J. *An Introduction to the New Testament*. Chicago: University of Chicago Press, 1937.

—— *The Meaning of Ephesians*. Chicago: University of Chicago Press, 1933.

Hendriksen, William. *Exposition of Colossians and Philemon*, New Testament Commentary. Grand Rapids: Baker Book House, 1964.

Hunter A. M. *Paul and His Predecessors*. London: S. C. M. Press Ltd., New rev. ed. 1961.

Knox, John. *Philemon Among the Letters of Paul*. New York: Abingdon Press, rev. ed. 1959.

Kümmel, W. G. *Introduction to the New Testament*, E. T. New York: Abingdon Press, 1957.

Leaney, A. R. C. "Col. 2:21 - 23", *Expository Times*, Vol. 64, 1952 - 53.

Lenski, R. C. H. *The Interpretation of St. Paul's Epistles to the Colossians, to the Thessalonians, to Timothy, to Titus, and to Philemon*. Minneapolis: Augsburg Publishing House, 1964.

Liddel, Henry George and Scott, Robert. *A Greek English Lexicon*, new ed. rev. by H. S. Jones with R. McKenzie. Oxford: Clarendon Press, 1940, supplement by E. A. Barber with P. M. M. Scheller & M. L. West, 1968.

Lightfoot, J. B. *Saint Paul's Epistles to the Colossians and to Philemon*. Grand Rapids: Zondervan Publishing House, rep. of the 1879 MacMillan ed.

Lightfoot, J. B. *St. Paul's Epistle to the Philippines*. Grand Rapids: Zondervan Publishing House, 1953 rep. of the 1913 ed.

Lohmeyer, E. *Die Briefe an die Philipper, an die Kolosser und an die Philemon*. Göttingen: Vandenhoeck & Ruprecht, 1930.

Lohse, Eduard. *A Commentary on the Epistles to the Colossians and to Philemon*, New Meyer's Kommentar, tr. by William R. Poehlmann and Robert J. Karris, ed. by Helmut Koester. Philadelphia: Fortress Press, 1971.

Machen, J. G. *Origin of Paul's Religion*. London: Hodder & Stoughton, 1925.

Morris, Leon. *The Lord from Heaven*. London: The Inter-Varsity Fellowship, 1958.

Martin, Ralph P. *Colossians: The Church's Lord and the Christian's Liberty*. Grand Rapids: Zondervan Publishing House, 1973 (London: Paternoster, 1972).

—— *Worship in the Early Church*. Grand Rapids: Wm. B. Eerdmans Publishing Co., 1st American ed. 1975.

Meyer, Heinrich August Wilhelm. *Critical and Exegetical Commentaty on the New Testament*, tr., rev. and ed. by Wm. P. Dickson and Frederick Crombie. Edinburgh: T. & T. Clark, 1893.

Moule, C. F. D. *An Idiom Book of New Testament Greek*. Cambridge: The University Press, 1953.

—— *The Epistles of Paul the Apostle to the Colossians and to Philemon*, Cambridge Greek Testament Commentary. Cambridge: The University Press, 1962.

Moule, H. C. G. *Colossian Studies, Lessons in Faith and Holiness from St. Paul's Epistles to the Colossians and Philemon*. London: Hodder & Stoughton, 1902.

Moulton, James Hope. *A Grammar of New Testament Greek*, Vol. III, by Nigel Turner. Edinburgh: T. &T. Clark, 1963.

Moulton, J. H. and Geden, A. S. *A Concordance to the Greek Testament*. rep. of the 3rd ed. Edinburgh: T. & T. Clark, 1950.

Moulton, J. H. and Milligan, G. *A Vocabulary of the Greek Testament*. London: Hodder & Stoughton, 1930.

Peake, A. S. "Colossians", *The Expositor's Greek Testament*, ed. by Robertson Nicoll, in 5 vols, Vol. 2. Grand Rapids: Wm. B. Eerdmans Publishing Co., 1956.

Rahlfs, Alfred, ed. *Septuaginta*. New York: The American Bible Society, 1959, 2 vols.

Ramsay, W. M. *The Church in the Roman Empire before A. D. 170*, with maps & illustrations. London: Hodder & Stoughton, 1893.

—— *Cities and Bishoprics of Phrygia*. Oxford: The Clarendon Press, 1897.

Robertson, A. T. *A Grammar of the Greek New Testament in the Light of Historical Research*, 5th ed. New York: Harper & Brothers, 1931.

—— *Paul and the Intellectuals, The Epistle to the Colossians*, rev. & ed. by W. C. Strickland. Nashville: Broadman Press, 1959.

Sanders, Jack T. *The New Testament Christological Hymns, their Historical Religious Background*. Cambridge: The University Press, 1971.

Scott, C. A. Anderson. *Christianity According to St. Paul*. Cambridge: The University Press, 1927.

Scott, E. F. *The Epistles of Paul to the Colossians, to Philemon and to the Ephesians*, Moffatt N. T. Commentary. London: Hodder & Stoughton,

1952.

Simpson, E. K. and Bruce, F. F. *Commentary on the Epistles to the Ephesians and the Colossians*. New International Com. on the New Testament. London: Marshall, Morgan & Scott, Ltd. 1957 (Grand Rapids: Wm. B. Eerdmans Publishing Co.).

Taylor, Vincent. *The Person of Christ in New Testament Teaching*. London: The MacMillan Co., 1958.

Theological Dictionary of the New Testament. G. Kittel, ed., E. T. by G. W. Bromiley. Grand Rapids: Wm. B. Eerdmans Publishing Co., in 10 vols., 1964 – 1976.

Thomas, W. H. Griffith. *Studies in Colossians & Philemon*, edited by his daughter Winifred G. T. Gillespil. Grand Rapids: Baker Book House, 1973.

Thompson, G. H. P. *The Letters of Paul to the Ephesians, to the Colossians and to Philemon*, Cambridge Bible Commentary. Cambridge: The University Press, 1967.

Trench, Richard Chenevix. *Synonyms of the New Testament*. Grand Rapids: Wm. B. Eerdmans Publishing Co., 1948 rep. of the 9th ed., 1880, London.

Turner, H. E. W. *Jesus, Master & Lord*. London: Mowbray Press, 1953.

Vicent, Marvin. *Word Studies in the New Testament*, in 4 vols., Vol. 3, Rom. — Col. Grand Rapids: Wm. B. Eerdmans Publishing Co., 1946 rep. of the 1890 ed.

Vine, W. E. *Expository Dictionary of New Testament Words*, 4 vols. bound in one. Westwood, N. J.: Fleming H. Revell, 1940.

Zahn, Theodor. *Introduction to the New Testament*. Grand Rapids: Kregel Publication, 1953 rep., 3 vols.

史丹理基金公司 识

1963 年菲律宾史丹理制造公司成立后，由于大多数股东为基督徒，大家愿意把公司每年盈利的十分之一奉献，分别捐助神学院、基督教机构，以及每年圣诞赠送礼金给神职人员，史丹理制造公司也因此得到大大祝福。

1978 年容保罗先生与笔者会面，提起邀请华人圣经学者著写圣经注释的建议，鼓励笔者投入这份工作。当时笔者认为计划庞大，虽内心深受感动，但恐心有余而力不足，后来决定量力而为，有多少资金就出版多少本书。出版工作就这样开始了。

1980 年 11 月，由鲍会园博士著作的歌罗西书注释交给天道书楼出版，以后每年陆续有其他经卷注释问世。

1988 年史丹理制造公司结束二十五年的营业。股东们从所售的股金拨出专款成立史丹理基金公司，除继续资助多项工作外，并决定全力支持天道书楼完成出版全部圣经注释。

至 2000 年年底，天道书楼已出版了三十六本圣经注释，其他大半尚待特约来稿完成。笔者鉴于自己年事已高，有朝一日必将走完人生路程，所牵挂的就是圣经注释的出版尚未完成。如后继无人，将来恐难完成大功，则功亏一篑，有负所托。为此，于 2001 年春，特邀请天道书楼四位董事与笔者组成一小组，今后代表史丹理基金公司与天道书楼负责人共同负起推动天道圣经注释的出版工作，由许书楚先生及姚冠尹先生分别负起主席及副主席之职，章肇鹏先生、郭志权先生、施熙礼先生出任委员。并邀请容保罗先生担任执行秘书，负责联络，使出版工作早日完成。

直至 2004 年，在大家合作推动下，天道圣经注释已出版了五十一册，余下约三十册希望在 2012 年全部出版刊印。

笔者因自知年老体弱，不便舟车劳顿，未能按时参加小组会议。为此，特于 6 月 20 日假新加坡召开出版委员会，得多数委员出席参加。愚亦于会中辞去本兼各职。并改选下列为出版委员会委员——主席：

姚冠尹先生;副主席:施熙礼先生;委员:郭志权博士、章肇鹏先生、容保罗先生、楼恩德先生;执行秘书:刘群英小姐——并议定今后如有委员或秘书出缺,得由出版小组成员议决聘请有关人士,即天道书楼董事,或史丹理基金公司成员担任之。

至于本注释主编鲍会园博士自 1991 年起正式担任主编,多年来不辞劳苦,忠心职守,实令人至为钦敬。近因身体软弱,敝委员会特决议增聘邝炳钊博士与鲍维均博士分别担任旧、新约两部分编辑,辅助鲍会园博士处理编辑事项。特此通告读者。

至于今后路线,如何发展简体字版,及配合时代需求,不断修订或以新作取代旧版,均将由新出版委员会执行推动之。

许书楚　识

2004 年　秋

天道圣经注释出版纪要

由华人圣经学者来撰写一套圣经注释，是天道书楼创立时就有的期盼。若将这套圣经注释连同天道出版的《圣经新译本》、《圣经新辞典》和《天道大众圣经百科全书》摆在一起，就汇成了一条很明确的出版路线——以圣经为中心，创作与译写并重。

过去天道翻译出版了许多英文著作；一方面是因译作出版比较快捷，可应急需，另一方面，英文著作中实在有许多堪称不朽之作，对华人读者大有裨益。

天道一开始就大力提倡创作，虽然许多华人都谦以学术研究未臻成熟，而迟迟未克起步，我们仍以"作者与读者同步迈进"的信念，成功地争取到不少处女作品；要想能与欧美的基督教文献等量齐观，我们就必须尽早放响起步枪声。近年来看见众多作家应声而起，华文创作相继涌现，实在令人兴奋；然而我们更大的兴奋仍在于寄望全套"天道圣经注释"能早日完成。

出版整套由华人创作的圣经注释是华人基督教的一项创举，所要动员的人力和经费都是十分庞大的；对于当年只是才诞生不久的天道书楼来说，这不只是大而又难，简直就是不可能的事。但是强烈的感动一直催促着，凭着信念，下定起步的决心，时候到了，事就这样成了。先有天道机构名誉董事许书楚先生，慨允由史丹理基金公司承担起"天道圣经注释"的全部费用，继由鲍会园博士以新作《歌罗西书注释》(后又注有《罗马书》上下卷，《启示录》)郑重地竖起了里程碑(随后鲍博士由1991年起正式担任全套注释的主编)，接着有唐佑之博士(《约伯记》上下卷，《耶利米哀歌》)、冯荫坤博士(《希伯来书》上下卷，《腓立比书》，《帖撒罗尼迦前书》，《帖撒罗尼迦后书》)、邝炳钊博士(《创世记》一二三四五卷，《但以理书》)、曾祥新博士(《民数记》，《士师记》)、詹正义博士(《撒母耳记上》一二卷)、区应毓博士(《历代志上》一二卷，《历代志下》，《以斯拉记》)、洪同勉先生(《利未记》上下卷)、黄朱伦博士(《雅歌》)、张永信博士(《使徒行传》一二三卷，《教牧书信》)、张略博士(与张永信博士合著《彼得前书》,《犹大书》)、刘少平博士(《申命记》上下卷,《何西阿书》,《约珥书》,《阿摩司书》)、梁康民先生(《雅各书》)、黄浩仪博士(《哥林多前书》上卷,《腓利门书》)、梁薇博士(《箴言》)、张国定博士(《诗篇》一二三四卷)、邵晨光博士(《尼希米记》)、陈济民博士(《哥林多后书》)、赖建国博士(《出埃及记》上下卷)、李保罗博士(《列王纪》一二三四卷)、钟志邦博士(《约翰福音》上下卷)、周永健博士(《路得记》)、谢慧儿博士(《俄巴底亚书》,《约拿书》)、梁洁琼博士(《撒母耳记下》)、吴献章博士(《以赛亚书》三四卷)、叶裕波先生(《耶利米书》上卷)、张达民博士(《马太福音》)、戴浩辉博士(《以西结书》)、鲍维均博士(《路加福音》上下卷)、张玉明博士(《约书亚记》)、蔡金玲博士(《以斯帖记》,《撒迦利亚书》,《玛拉基书》)、吕绍昌博士(《以赛亚书》一二卷)、邝成中博士(《以弗所书》)、吴道宗博士(《约翰一二三书》)、叶雅莲博士(《马可福音》)、岑绍麟博士(《加拉太书》)、胡维华博士(《弥迦书》,《那鸿书》)、沈立德博士(《哥林多前书》下卷)、黄天相博士(《哈巴谷书》,《西番雅书》,《哈该书》)等等陆续加入执笔行列,他们的心血结晶也将一卷一卷地先后呈献给全球华人。

当初单纯的信念,已逐渐看到成果;这套丛书在 20 世纪结束前,完成写作并出版的已超过半数。同时,除了繁体字版正积极进行外,因着阅读简体字读者的需要,简体字版也逐册渐次印发。全套注释可望在 21 世纪初完成全部写作及出版;届时也就是华人圣经学者预备携手迈向全球,一同承担基督教的更深学术研究之时。

由这十多年来"天道圣经注释"的出版受欢迎、被肯定,众多作者和工作人员协调顺畅、配合无间,值得我们由衷地献上感谢。

为使这套圣经注释的出版速度和写作水平可以保持,整个出版工作的运转更加精益求精,永续出版的经费能够有所保证,1997 年 12 月天道书楼董事会与史丹理基金公司共同作出了一些相关的决定:

虽然全套圣经六十六卷的注释将历经三十多年才能全部完成,我们并不以此为这套圣经注释写作的终点,还要在适当的时候把它不断地修订增补,或是以新著取代,务希符合时代的要求。

天道书楼承诺负起这套圣经注释的永续出版与修订更新的责任,由初版营收中拨出专款支应,以保证全套各卷的再版。史丹理基金公司也成立了圣经注释出版小组，由许书楚先生、郭志权博士、姚冠尹先生、章肇鹏先生和施熙礼先生五位组成，经常关心协助实际的出版运作，以确保尚未完成的写作及日后修订更新能顺利进行。该小组于2004年6月假新加坡又召开了会议，许书楚先生因年事已高并体弱关系，退居出版小组荣誉主席，由姚冠尹先生担任主席，施熙礼先生担任副主席，原郭志权博士及章肇鹏先生继续担任委员，连同小弟组成新任委员会，继续负起监察整套注释书的永续出版工作。另外，又增聘刘群英小姐为执行秘书，向委员会提供最新定期信息，辅助委员会履行监察职务。此外，鉴于主编鲍会园博士身体于年初出现状况，调理康复需时，委员会议决增聘邝炳钊博士及鲍维均博士，并得他们同意分别担任旧约和新约两部分的编辑，辅助鲍会园博士处理编辑事宜。及后鲍会园博士因身体需要，退任荣誉主编，出版委员会诚邀邝炳钊博士担任主编，曾祥新博士担任旧约编辑，鲍维均博士出任新约编辑不变，继续完成出版工作。

21世纪的中国，正在走向前所未有的开放道路，于各方面发展的迅速，成了全球举世瞩目的国家。国家的治理也逐渐迈向以人为本的理念，人民享有宗教信仰自由，全国信徒人数不断增多。大学学府也纷纷增设了宗哲学学科和学系，扩展国民对宗教的了解和研究。这套圣经注释在中国出版简体字版，就是为着满足广大人民在这方面的需要。深信当全套圣经注释完成之日，必有助中国国民的阅读，走在世界的前线。

容保罗　识

2011年　春

图书在版编目(CIP)数据

歌罗西书注释/鲍会园著.—上海:上海三联书店,2023.11 重印
(天道圣经注释系列)
ISBN 978-7-5426-3919-6

Ⅰ.①歌…　Ⅱ.①鲍…　Ⅲ.①《圣经》—注释　Ⅳ.①B971.2

中国版本图书馆 CIP 数据核字(2012)第 176602 号

歌罗西书注释

著　　者 / 鲍会园
策　　划 / 徐志跃
责任编辑 / 邱　红
装帧设计 / 鲁继德
监　　制 / 姚　军
责任校对 / 张大伟

出版发行 / 上海三联书店
　　　　　(200030)中国上海市漕溪北路 331 号 A 座 6 楼
邮购电话 / 021-22895540
印　　刷 / 上海展强印刷有限公司

版　　次 / 2012 年 9 月第 1 版
印　　次 / 2023 年 11 月第 8 次印刷
开　　本 / 890mm×1240mm　1/32
字　　数 / 150 千字
印　　张 / 5.25
书　　号 / ISBN 978-7-5426-3919-6/B·254
定　　价 / 22.00 元

敬启读者,如发现本书有印装质量问题,请与印刷厂联系 021-66366565